Kieler Studien · Kiel Studies 330
Institut für Weltwirtschaft an der Universität Kiel

Alfred Boss
Klaus-Jürgen Gern
Carsten-Patrick Meier
Joachim Scheide

Mehr Wachstum in Europa durch eine Koordination der Wirtschaftspolitik?

Zur Kombination von Geld- und Lohnpolitik sowie zur Steuerharmonisierung in der EU

Springer

Dr. Alfred Boss
Institut für Weltwirtschaft
D-24100 Kiel
alfred.boss@ifw.uni-kiel.de

Dr. Klaus-Jürgen Gern
Institut für Weltwirtschaft
D-24100 Kiel
gern@ifw.uni-kiel.de

Dr. Carsten-Patrick Meier
Institut für Weltwirtschaft
D-24100 Kiel
carsten.meier@ifw.uni-kiel.de

Prof. Dr. Joachim Scheide
Institut für Weltwirtschaft
D-24100 Kiel
jscheide@ifw.uni-kiel.de

Bibliografische Information Der Deutschen Bibliothek
Die Deutsche Bibliothek verzeichnet diese Publikation in der Deutschen Nationalbibliografie; detaillierte bibliografische Daten sind im Internet über <http://dnb.ddb.de> abrufbar

ISSN 0340-6989
ISBN 3-540-23396-2 Springer Berlin Heidelberg New York

Springer ist ein Unternehmen von Springer Science+Business Media
springer.de

Printed in Germany

Umschlaggestaltung: Erich Kirchner, Heidelberg

Gedruckt auf säurefreiem Papier 42/2202-5 4 3 2 1 0

Vorwort

Ein wichtiges Ziel der Wirtschaftspolitik in der Europäischen Union ist es, ein hohes Wirtschaftswachstum zu erreichen. Die Frage, ob dabei eine Koordination der Wirtschaftspolitik hilfreich sein kann oder sogar notwendig ist, wird in der wirtschaftswissenschaftlichen Literatur und in der politischen Diskussion unterschiedlich beantwortet. Vor diesem Hintergrund hat das Bundesministerium der Finanzen das Institut für Weltwirtschaft im Oktober 2000 beauftragt, die Erfolgschancen einer koordinierten makroökonomischen Politik zu untersuchen. Im Rahmen des Forschungsprojekts „Möglichkeiten zur Stärkung des Potentialwachstums durch den abgestimmten Einsatz makroökonomischer Instrumente" sollte sich die Analyse auf zwei Aspekte konzentrieren, nämlich zum einen auf eine Abstimmung zwischen der Geldpolitik und der Lohnpolitik, zum anderen auf die Frage der Steuerharmonisierung in der EU. Das Projekt, auf dessen Ergebnissen die vorliegende Studie basiert, wurde im Jahr 2002 abgeschlossen.

Zweifellos waren einige Länder in den vergangenen Jahren wirtschaftspolitisch besonders erfolgreich, andere hingegen nicht. Beruhen die Erfolge darauf, dass die Wirtschaftspolitik koordiniert wurde, und kann man daraus Lehren für die Europäische Union ziehen? Nach den Ergebnissen dieser Untersuchung ist eine Abstimmung der Politik nicht notwendig, um gesamtwirtschaftliche Ziele wie ein hohes Wirtschaftswachstum zu erreichen. Zudem sind die Erfolgschancen in der EU auch deshalb gering, weil eine Ex-ante-Abstimmung auf institutionelle Hindernisse stößt und einige Grundvoraussetzungen für eine Koordination nicht gegeben sind. Vielmehr gibt es viele Argumente, auch in der Wirtschaftspolitik auf einen Wettbewerb zwischen den Ländern zu setzen; dies betrifft auch die Steuerpolitik.

Die Autoren dieser Studie sind vielen Personen zu Dank verpflichtet. Hilfreiche Diskussionen im Rahmen des Forschungsprojekts gab es mit Vertretern verschiedener Bundesministerien. In einem abschließenden internationalen Workshop in Brüssel, bei dem die Ergebnisse einem größeren Kreis von Ökonomen vorgestellt werden konnten, wurde ein wichtiger Beitrag für die endgültige Formulierung der Studie geleistet. Schließlich haben die Autoren von der stets anregenden Diskussion innerhalb der Konjunkturabteilung des Instituts für Weltwirtschaft profitiert.

Ein besonderer Dank gilt Margitta Führmann und Ute Heinecke, die allen Widrigkeiten zum Trotz die verschiedenen Textversionen effizient erstellt haben. Britta Thun und Dietmar Gebert haben in gewohnt zuverlässiger Manier die redaktionellen Arbeiten erledigt.

Kiel, im September 2004 — Joachim Scheide

Inhaltsverzeichnis

Verzeichnis der Tabellen und Kästen

Verzeichnis der Abbildungen

1 Problemstellung und Gang der Untersuchung

Die Stärkung des Potentialwachstums gehört neben der Verringerung der Arbeitslosigkeit zu den Hauptzielen der Wirtschaftspolitik in der Europäischen Union. Wie diese Ziele erreicht werden können, wird in der wissenschaftlichen Literatur kontrovers diskutiert. Dies betrifft insbesondere die möglichen Beiträge der einzelnen Bereiche der Wirtschaftspolitik, aber auch die Frage, ob die Ziele besser erreicht werden, wenn die wirtschaftspolitischen Maßnahmen aufeinander abgestimmt werden.

Mit der Errichtung der Europäischen Währungsunion haben sich die Rahmenbedingungen für die Wirtschaftspolitik geändert. Während es nun eine einheitliche Geldpolitik gibt, bleiben die anderen Bereiche weitgehend in nationaler Verantwortung. Darüber hinaus hat die zunehmende wirtschaftliche Integration der Märkte möglicherweise die Übertragungseffekte beeinflusst. Dies wirft die Frage auf, ob die nationale Wirtschaftspolitik stärker berücksichtigen muss, welche Maßnahmen im Ausland ergriffen werden.

Im EU-Regelwerk gibt es eine Vielzahl von Ansätzen zur Koordination der Wirtschaftspolitik, beispielsweise im Rahmen des Makroökonomischen Dialogs. Ein wichtiges Anliegen dieser Studie ist es, den Zusammenhang zwischen der makroökonomischen Politik einschließlich der Lohnpolitik und dem Potentialwachstum zunächst im nationalen Kontext darzustellen und zu untersuchen, inwieweit eine Abstimmung zwischen den Politikbereichen erfolgversprechend sein kann. Die Analyse wird dann auf die Frage der Koordination der Wirtschaftspolitik auf europäischer Ebene ausgeweitet.

Angesichts der Fülle von Definitionen – und auch Missverständnissen – ist es angebracht, vor Beginn der Untersuchung einige Begriffe zu erläutern, die für die Analyse wichtig sind. So werden in Kapitel 2 Definitionen des Produktionspotentials diskutiert. Für eine Trennung von Trend und Zyklus wird vor dem Hintergrund der wirtschaftswissenschaftlichen Literatur plädiert, und am Beispiel Deutschlands werden verschiedene Schätzungen der gesamtwirtschaftlichen Auslastung gegenübergestellt.

Das Produktionspotential und sein Wachstum werden durch eine Vielzahl von Faktoren beeinflusst. Es bietet sich an, zwischen strukturellen Bestimmungsgründen einerseits und dem Einfluss der makroökonomischen Politik andererseits zu unterscheiden. So wird in Kapitel 3 erläutert, was den Einsatz der Produktionsfaktoren im Wesentlichen bestimmt und welche institutionellen Rahmenbedingungen hilfreich sein können, das Potential zu erhöhen. Über die Bedeutung dieser Einflüsse gibt es in der Literatur eine weitgehende Übereinstimmung, und auch im EU-Regelwerk über die Wirtschaftspolitik finden sich viele Hinweise auf die Notwendigkeit, die strukturellen Bedingungen in den einzelnen Ländern zu verbessern. Nicht so eindeutig gilt das vermutlich für die Makropolitik. Die einzelnen Politikbereiche werden dahingehend erörtert, inwieweit sie zu einem höheren Wirtschaftswachstum beitragen können. In dieser Studie liegt der Schwerpunkt der Analyse auf den Wirkungen der Finanzpolitik, der Lohnpolitik und der Geldpolitik.

Inwieweit es eine Abstimmung zwischen den einzelnen Politikbereichen eines Landes geben sollte, wird in der umfangreichen Literatur über die Koordination der Wirtschaftspolitik kontrovers diskutiert. Es ist sinnvoll, die Analyse zunächst theoretisch zu führen und anschließend die empirische Evidenz und die Umsetzbarkeit zu prüfen. Den Rahmen in Kapitel 4 bildet ein theoretisches makroökonomisches Modell, in dem die Angebotsseite und die Nachfrageseite einer Volkswirtschaft abgebildet sind und die Rolle der Makropolitik analysiert werden kann. Die Eigenschaften dieses Standardmodells werden zunächst anhand von Benchmark-Simulationen dargestellt. Anschließend wird vor allem untersucht, inwiefern eine Koordination von Geldpolitik und Lohnpolitik der Tarifpartner nützlich sein kann. Speziell kommt es darauf an zu zeigen, wie sich die Verläufe wichtiger Variablen ändern, wenn die Maßnahmen nicht isoliert vorgenommen, sondern koordiniert werden.

Modelltheoretische Überlegungen reichen jedoch nicht aus, um die Vorteilhaftigkeit unterschiedlicher Maßnahmen der Wirtschaftspolitik beurteilen zu können. Deshalb wird ein empirisches makroökonometrisches Modell herangezogen, um Simulationen mit alternativen Strategien durchzuführen. Ausgangspunkt ist hier die Frage, welche Effekte eine Lohnzurückhaltung auf das Produktionspotential hat. Unterschieden werden die Anpassungspfade verschiedener Variablen danach, ob die Geldpolitik diese Politikänderung akkommodiert oder nicht. Zunächst werden Simulationen für Deutschland analysiert, anschließend wird die Untersuchung auf den Euroraum ausgeweitet.

Die Modellanalysen werden ergänzt durch Erfahrungen, die in einigen Industrieländern gemacht wurden. Am Beispiel der USA, der Niederlande und Irlands – Länder also, die in den neunziger Jahren eine besonders positive wirtschaftliche Entwicklung aufgewiesen haben – wird diskutiert, ob und in welchem Maße eine Koordination der einzelnen Politikbereiche eine Rolle für die Erfolge bei der Erhöhung des Potentialwachstums gespielt hat.

Inwieweit eine Koordinierung der Wirtschaftspolitik in der Europäischen Währungsunion angezeigt ist, wird in Kapitel 5 analysiert. Zunächst wird diskutiert, ob sich die Argumente für eine Abstimmung der einzelnen Politikbereiche durch die Errichtung der Währungsunion geändert haben. Anschließend wird auf das EU-Regelwerk eingegangen. Dabei wird die Zuordnung von Zielen und Instrumenten, wie sie in den „Grundzügen der Wirtschaftspolitik" vorgenommen wird, dargestellt. Da der Geldpolitik bei der Analyse eine besondere Bedeutung zukommt, wird auch beschrieben, ob und wie die Europäische Zentralbank in einen möglichen Koordinationsprozess einbezogen werden kann. Bezüglich der Lohnpolitik stellt sich die Frage, ob sich ein einheitlicher Kurs im Rahmen einer umfassenden Strategie auf europäischer Ebene überhaupt festlegen lässt. Hierzu werden die unterschiedlichen institutionellen Rahmenbedingungen der Lohnfindung in den einzelnen EU-Staaten betrachtet.

Im EU-Regelwerk gibt es weitreichende Aussagen über die Notwendigkeit der Koordinierung der Steuerpolitik in der Europäischen Union. In der wissenschaftlichen Literatur wie auch auf der politischen Ebene gibt es hierzu unterschiedliche Positionen, die sich unter dem Stichwort Wettbewerb versus Harmonisierung zusammenfassen lassen. In Kapitel 6 wird zunächst diskutiert, ob es eine EU-Steuer geben sollte; dabei wird die Frage nach der Steuerkompetenz für die EU sowohl aus rechtlicher als auch aus ökonomischer Sicht betrachtet. Anschließend geht es darum zu prüfen, welche Argumente für oder gegen eine Harmonisierung verschiedener Steuerarten (Mehrwertsteuer und Steuern auf Kapitaleinkommen) sprechen. So wird auf die vielfach geäußerten Befürchtungen eingegangen, zu viel Wettbewerb mache es dem Staat unmöglich, ein ausreichendes Steueraufkommen zu erzielen und seine Aufgaben (Bereitstellung von öffentlichen Gütern, soziale Sicherung) im notwendigen Umfang zu erfüllen. Dem werden die Vorteile des Wettbewerbs auch im Bereich der Steuerpolitik gegenübergestellt; Wettbewerb kann letztlich zu mehr Effizienz und damit auch zu einem höheren Potentialwachstum führen.

Im abschließenden Kapitel 7 werden die wichtigsten Ergebnisse zusammengefasst. Daraus werden die Schlussfolgerungen für die Wirtschaftspolitik gezogen. Vor allem kommt es darauf an darzulegen, ob und inwieweit die einzelnen Politikbereiche aufeinander abgestimmt sein müssen, wenn es darum geht, das Potentialwachstum zu erhöhen und die Arbeitslosigkeit nachhaltig zu senken.

2 Zum Begriff des Produktionspotentials

2.1 Definition

Das Produktionspotential wird in der Literatur sehr unterschiedlich definiert. In den theoretischen Makromodellen werden Begriffe wie „natürlicher“ oder „normaler“ Output, Produktion bei „Vollauslastung“ der Sachkapazitäten oder der Arbeitskräfte, Trendoutput, Produktion bei Erreichen der NAIRU und viele mehr benutzt, die alle unterschiedliche Implikationen für die Wirtschaftspolitik haben können.[1] Eine der ursprünglichen Definitionen stammt von Okun (1962), der das Potential gleichsetzte mit der Produktion bei Vollbeschäftigung. Wegen des theoretisch umstrittenen Konzepts und der wenig praktikablen Festlegung des Niveaus der Vollbeschäftigung wurde diese Referenz nach und nach aufgegeben. In jüngerer Zeit wird unter dem Produktionspotential dasjenige Niveau der Produktion verstanden, das in einer Volkswirtschaft maximal erzeugt werden kann, ohne dass ein Anstieg der Inflation hervorgerufen wird (De Masi 1997: 40). Präziser definiert: Das Produktionspotential stellt die nachhaltig zur Verfügung stehenden Angebotsmöglichkeiten einer Volkswirtschaft dar, die durch die Produktionsstruktur, den Stand der Technik und die verfügbaren Produktionsfaktoren bestimmt werden (EZB 2000a: 40). Hier drückt der Begriff „nachhaltig“ unter anderem aus, dass eine Beschleunigung der Inflation vermieden wird.

Unabhängig von der Methode, welche die verschiedenen nationalen wie internationalen Institutionen anwenden, ist dies die am meisten gebrauchte und theoretisch am besten zu begründende Definition; sie wird z.B. auch von der EU-Kommission verwendet (Kommission 2001c: 52 ff.). Empirisch umgesetzt wird diese Definition beispielsweise dadurch, dass eine Produktionsfunktion geschätzt wird, mit der die Angebotsseite der Volkswirtschaft abgebildet werden soll.

In der Makroökonomie gibt es üblicherweise eine Unterscheidung zwischen Wachstum auf der einen und Konjunktur auf der anderen Seite. Während in Wachstumsmodellen gleich welcher Richtung von Konjunkturphänomenen abstrahiert und der Blick auf die Produktionsfaktoren sowie auf den technischen Fortschritt gerichtet wird, stellen die Konjunkturmodelle überwiegend auf kurz- und mittelfristige Phänomene ab. Entsprechend wird in der Wachstumstheorie in der Regel von der Geldpolitik abstrahiert, während sie in Konjunkturmodellen eine große Rolle spielen kann, etwa wenn es um die Ursachen von Konjunktur-

1 Vgl. zum Beispiel die Analyse bei McCallum (1999), der auf den Unterschied zwischen der natürlichen Rate der Arbeitslosigkeit und der NAIRU verweist.

schwankungen und um Fragen der kurzfristigen Stabilisierung der Konjunktur geht. In der überwiegenden Zahl der makroökonomischen Modelle wird unterstellt, dass die Geldpolitik langfristig neutral ist, kurzfristig jedoch die realwirtschaftlichen Größen beeinflussen kann.[2]

Aus theoretischer Sicht ist der Begriff des Potentialwachstums auch abzugrenzen vom so genannten Trendwachstum. Aus verschiedenen Gründen, die vor allem mit der Verfügbarkeit von Daten zu tun haben, wird das Produktionspotential häufig angenähert durch die Schätzung eines Trends; Beispiele hierfür sind einfache gleitende Durchschnitte oder die anspruchsvollere Methode des Hodrick-Prescott-Filters.[3] Es handelt sich hierbei um rein statistische Verfahren, die in der Regel keinen direkten Bezug zu einer ökonomischen Theorie haben. Diese wie auch immer definierten Trends sind nicht gleichzusetzen mit dem hier definierten Potentialwachstum. Sie sind nämlich sehr stark von der aktuellen Konjunkturentwicklung geprägt. So ist es für die Phase eines Booms typisch, dass das etwa mit einem Hodrick-Prescott-Filter ermittelte Trendwachstum besonders hoch ausfällt; entsprechend ist die Trendrate in einer Rezession besonders niedrig. Die Potentialschätzung mit Hilfe einer Produktionsfunktion wird von solchen Einflüssen rein definitorisch nicht oder nur wenig berührt. In der Praxis ergibt sich dies jedoch in der Regel, etwa weil sich die Zuwachsrate des Kapitalstocks prozyklisch verhält. Vor diesem Hintergrund ist auch das Vorgehen der Europäischen Zentralbank zu sehen, die bei ihrer Potentialschätzung auf die glatte Komponente des geschätzten Produktionspotentials abstellt.

Wenn die Unterscheidung zwischen Potential und Trend empirisch auch nicht befriedigend gelöst werden kann, so wird in dieser Studie doch auf eine nachhaltige Änderung des Potentialwachstums abgestellt. Es kommt also nicht darauf an, dass durch Maßnahmen der Makropolitik die Konjunktur stimuliert wird und so das gemessene Trendwachstum für kurze Zeit angehoben wird, sondern darauf, die Produktionsmöglichkeiten einer Volkswirtschaft auf mittlere Sicht zu vergrößern. Letztlich geht es also um die Angebotspolitik, die darauf abzielen muss, über mehr Beschäftigung und mehr Investitionen die Produktionsmöglichkeiten in der Volkswirtschaft nachhaltig zu erhöhen.

---

2 In Langfriststudien wird allerdings häufig auf die Bedeutung der Instabilität der Geldpolitik hingewiesen. So kommen viele Autoren zu dem Schluss, dass eine unstetige Politik und eine hohe Inflation nachteilig für das Wirtschaftswachstum sind, etwa weil die Signalfunktion der Preise gestört wird oder weil über eine höhere Risikoprämie der Realzins in der Volkswirtschaft steigt. Vgl. zum Beispiel Kormendi und Meguire (1985).

3 Hodrick und Prescott (1997). Für einen Überblick über die verschiedenen Verfahren vgl. Kommission (2001c) und Chagny und Döpke (2001).

2.2 Ist eine Trennung von Trend und Zyklus gerechtfertigt?

Die in dieser Untersuchung für analytische Zwecke unterstellte Trennbarkeit von Konjunktur auf der einen Seite und Wachstum auf der anderen wird in der Makroökonomik seit etwa 20 Jahren kontrovers diskutiert. Bis in die frühen 80er Jahre war dieses Vorgehen allgemein akzeptiert. Die Wachstumstheorie und -empirie befasste sich mit der langfristigen Entwicklung der Volkswirtschaft, die im Wesentlichen durch die Entwicklung der Produktionsfaktoren, den technischen Fortschritt und die institutionellen Rahmenbedingungen beeinflusst wurde. Die Konjunkturforschung widmete sich dagegen den Ursachen und der Prognose der kurzfristigen Schwankungen um den langfristigen Entwicklungspfad. Interaktionen zwischen den beiden Bereichen wurden als vernachlässigbar betrachtet.

Der wissenschaftliche Konsens wurde erschüttert durch eine empirische Untersuchung von Nelson und Plosser (1982), in der eine Vielzahl von makroökonomischen Variablen für die Vereinigten Staaten mittels eines damals neuen ökonometrischen Verfahrens darauf getestet wurden, ob sie besser als stationäre bzw. trendstationäre oder als nichtstationäre Prozesse zu charakterisieren sind. Während eine stationäre bzw. trendstationäre Zeitreihe stets zu ihrem Mittelwert oder Trend konvergiert, kann sich eine nichtstationäre Reihe theoretisch unendlich weit davon entfernen. Exogene Schocks, z.B. auf das Niveau des realen Bruttoinlandsprodukts, haben dann nicht nur temporäre Effekte, sondern permanente; sie verschieben den gesamten zukünftigen Zeitpfad des realen Bruttoinlandsprodukts. Nelson und Plosser (1982) kamen zu dem Ergebnis, dass die Hypothese der Nichtstationarität für die überwiegende Mehrheit der Zeitreihen nicht verworfen werden kann.

Die Feststellung, dass makroökonomische Zeitreihen nichtstationär sind, stellt die übliche Trennung von Trend und Zyklus in Frage. Alle Theorien, in denen die gesamtwirtschaftliche Produktion um ein stetig steigendes Gleichgewichtsniveau schwankt, sind demnach zu verwerfen, unabhängig davon, ob sie auf keynesianischem oder eher neoklassischem Fundament basieren. Nelson und Plosser zogen sogar die Schlussfolgerung, dass monetäre Schocks, deren Wirkungen allgemein als temporär angesehen werden, nicht die Hauptursache für konjunkturelle Schwankungen sein können. Sie sahen ihre Resultate als Untermauerung der von der Real-Business-Cycle-Schule vertretenen Sicht, der zufolge reale Schocks auf Produktionstechnologie und Präferenzen die wesentliche Quelle für makroökonomische Fluktuationen sind.[4] Für die Wirtschaftspolitik folgt aus der Nichtstationarität makroökonomischer Zeitreihen, dass Nutzen und Kosten bestimmter Maßnahmen, die zu einer Veränderung des gegenwärtigen realen Sozialprodukts führen (z.B. eine restriktive Geldpolitik zur Bekämpfung von In-

4 Für einen Überblick vgl. Stadler (1994) und Scheide (1989).

flation), neu zu bewerten sind, wenn der Output-Effekt nicht temporär ist, sondern für immer nachwirkt.

Ein wesentliches Problem bei der Untersuchung der Stationaritätseigenschaften von Zeitreihen stellt in diesem Zusammenhang die geringe Trennschärfe des üblicherweise verwendeten Testverfahrens, des Dickey-Fuller-Tests, dar. Die Studie von Nelson und Plosser regte daher eine Vielzahl von weiteren empirischen Untersuchungen an, in denen auf diese Mängel hingewiesen und korrigierte Resultate vorgestellt wurden. In den meisten Fällen wurden dabei die Ergebnisse von Nelson und Plosser relativiert.

So zeigt etwa Rudebusch (1992), dass der Test die Hypothese der Nichtstationarität in kleinen Stichproben bei Verwendung der asymptotischen kritischen Werte nicht häufig genug ablehnt. Bei Berücksichtigung dieses Problems durch Verwendung stichprobenspezifischer kritischer Werte fällt die Evidenz zu Gunsten der Nichtstationarität der US-Zeitreihen deutlich geringer aus. Perron (1989) argumentiert, dass die Alternativhypothese zur Nichtstationarität, die im Dickey-Fuller-Test üblicherweise unterstellt wird, nämlich ein stationärer Prozess mit konstantem Trend, zu restriktiv ist und daher zur Ablehnung der Nullhypothese führt. Er schlägt als Alternativhypothese einen Prozess mit gelegentlichen Brüchen im Trend vor. Mit Brüchen zur Zeit der Weltwirtschaftskrise und der Ölkrise 1973 vermag dieser Prozess die Entwicklung des US-Bruttonationaleinkommens besser zu beschreiben als die nichtstationäre Alternative.

Diebold und Senhadji (1996) zeigen, dass bei Zugrundelegung eines längeren Zeitraums – sie analysieren jährliche Daten für das US-Bruttonationaleinkommen ab dem Jahr 1875 – das nichtstationäre Modell zu Gunsten der trendstationären Alternative ohne Bruch verworfen werden kann. Andererseits wenden Murray und Nelson (2000) ein, dass die Testverfahren von Perron (1989) und Diebold und Senhadji (1996) ihrerseits verzerrt sein könnten, da nicht die Möglichkeit von statistischen Ausreißern im Datensatz berücksichtigt wurde. Sie legen eigene Berechnungen vor, denen zufolge die Nullhypothese der Nichtstationarität doch nicht verworfen werden kann. Shivley (2001) konstruiert einen neuen Nichtstationaritätstest mit deutlich höherer Trennschärfe als der Dickey-Fuller-Test und kommt zu dem Schluss, dass die Nullhypothese der Nichtstationarität für das US-Bruttonationaleinkommen verworfen werden kann.

Für (west-)deutsche Daten zum realen Bruttoinlandsprodukt der Jahre von 1950 bis 1998 kommt Assenmacher (1998) zu dem Schluss, dass ein trendstationärer Prozess mit zwei Brüchen die Zeitreihe besser beschreibt als ein nichtstationärer. Meier (2001) zeigt, dass selbst ein Modell ohne Trendbrüche die Ablehnung der Nullhypothese der Nichtstationarität erlaubt, wenngleich das Modell mit Trendbrüchen zu einer plausibleren Trend-Zyklus-Zerlegung führt. Als optimale Bruchzeitpunkte ergeben sich die Jahre 1961 und 1973. Danach lassen sich für das Gebiet der früheren Bundesrepublik drei Wachstumsphasen unterscheiden: eine „Wiederaufbauphase“ von 1950 bis 1961 mit einer durchschnittlichen trendmäßigen Zunahme des realen Bruttoinlandsprodukts um 7,4 Prozent pro Jahr, eine „Normalisierungsphase“ mit einem Trendwachstum von immerhin noch 4,1 Prozent und die Phase ab 1973, in der das durchschnittliche Trendwachstum bei nur noch 2,0 Prozent lag. Das tatsächliche reale Bruttoinlandsprodukt schwankte in jeder dieser Phasen als stationärer Prozess um den jeweiligen Wachstumstrend.

Insgesamt bietet die empirische Literatur zur Frage der Trennbarkeit von Trend und Zyklus kein einheitliches Bild. Auffällig ist allerdings, dass mit der immer weiteren Verfeinerung der statistischen Testverfahren in den vergangenen Jahren die Anzahl der Studien deutlich zugenommen hat, die zu dem Ergebnis kommen, dass sich das reale Bruttoinlandsprodukt in den wesentlichen Industrieländern als trendstationärer Prozess beschreiben lässt. Wird ein ausreichend langer Zeitraum betrachtet und werden gegebenenfalls einige wenige Veränderungen im Trendwachstum zugelassen, so kommen die meisten Verfahren zu dem Schluss, dass eine Trennung von Trend und Zyklus für analytische Zwecke empirisch abgesichert ist. Im Folgenden wird daher von der Trennbarkeit von Trend und Zyklus ausgegangen.

2.3 Auslastungsgrad des Produktionspotentials in Deutschland

Die zyklische Position der Volkswirtschaft wird in der Regel auf der Basis des Auslastungsgrades der gesamtwirtschaftlichen Produktionskapazitäten (Output Gap) bestimmt. Der gesamtwirtschaftliche Auslastungsgrad ist dabei definiert als Differenz zwischen beobachteter und potentieller Produktion, also zwischen Bruttoinlandsprodukt und Produktionspotential. Als Normalauslastung wird angesehen, wenn der Output Gap null ist; dann befinden sich Angebot und Nachfrage im Gleichgewicht. Der Output Gap gibt wichtige Hinweise darauf, ob aus einer Beschleunigung des Produktionsanstiegs Inflationsgefahren resultieren.

Es besteht freilich das fundamentale Problem, dass das Produktionspotential nicht direkt gemessen werden kann; es muss vielmehr geschätzt werden. Zu diesem Zweck wurden zahlreiche Verfahren entwickelt. Im Folgenden soll ein kurzer Überblick über einige Methoden gegeben werden,[5] und es werden ausgewählte Schätzungen für den Output Gap in Deutschland präsentiert.

---

5 Für umfassendere Darstellungen verschiedener Methoden zur Messung des Output Gap vgl. z.B. Apel und Jansson (1999), Dupasquier et al. (1999), Donde und Saggar (1999), Claus et al. (2000), Chagny und Döpke (2001) und Schumacher (2002).

2.3.1 Methoden der Potentialschätzung

Grundsätzlich wird bei der Potentialschätzung versucht, denjenigen Anteil der Entwicklung des tatsächlichen Bruttoinlandsprodukts herauszufiltern, der das Niveau des gleichgewichtigen Produktionsniveaus nachhaltig, wenngleich letztlich ebenfalls temporär, beeinflusst.

Schätzung anhand von Produktionsfunktionen

Eine aus theoretischer Sicht naheliegende Vorgehensweise ist die Ableitung des Produktionspotentials aus einer makroökonomischen Produktionsfunktion. Dieser Ansatz wird zur Zeit beim Internationalen Währungsfonds und bei der OECD verfolgt. Auch die Europäische Kommission nimmt Potentialschätzungen mittels einer Produktionsfunktion vor; in Deutschland wurde dieser Ansatz beispielsweise lange Zeit von der Deutschen Bundesbank verwendet.[6] Zumeist werden Produktionsfunktionen vom Cobb-Douglas-Typ oder CES-Produktionsfunktionen verwendet, die die Produktionsfaktoren Arbeit und Kapital beinhalten sowie einen Parameter, der den technologischen Fortschritt abbildet. Anders geht der Sachverständigenrat zur Begutachtung der gesamtwirtschaftlichen Entwicklung vor, der limitationale Produktionsfaktoren unterstellt und annimmt, dass die Produktion ausschließlich durch den Faktor Kapital begrenzt wird (Sachverständigenrat 1996: 300 f.; vgl. auch Döpke 1993).

Ein Vorteil der Schätzung des Produktionspotentials mittels einer Produktionsfunktion ist, dass das Potentialwachstum auf Beiträge der einzelnen Produktionsfaktoren zurückgeführt werden kann. Es ist allerdings ein erheblicher Aufwand erforderlich, um die Produktionsstruktur der Volkswirtschaft realistisch zu modellieren; so ist (zumindest in einem Ansatz, bei dem auch der Faktor Arbeit limitierend wirken kann) die Schätzung einer gleichgewichtigen Beschäftigten- oder Arbeitslosenquote notwendig, bei der eine Vielzahl von Problemen zu lösen ist (Chagny und Döpke 2001: 15 ff.). Außerdem kann die aus theoretischer Sicht bedeutsame technologische Entwicklung nur unzureichend berücksichtigt werden, da diese ebenfalls nicht direkt beobachtbar ist (IMF 1999a). Hinzu kommen Probleme bei der Bestimmung der Inputfaktoren; so muss deren Normalauslastung festgelegt werden.

---

6 Für eine Darstellung des Ansatzes und Ergebnisse für Westdeutschland im Zeitraum 1982–1994 siehe Deutsche Bundesbank (1995). Das Vorgehen des IWF ist in De Masi (1997), das der OECD in Giorno et al. (1995), das der EU-Kommission in Denis et al. (2002) dargestellt.

Strukturelle vektorautoregressive Modelle

Ebenso wie die Schätzung mittels einer Produktionsfunktion basiert die Schätzung des Produktionspotentials über ein strukturelles vektorautoregressives Modell (SVAR) auf einem expliziten theoretischen Fundament. Durch langfristige Restriktionen werden konjunkturelle Einflüsse auf die Produktionsentwicklung und andere Einflüsse, beispielsweise Technologie- bzw. Produktivitäts- oder Arbeitsangebotsschocks, welche das Produktionspotential berühren, unterschieden (Blanchard und Quah 1989, Gottschalk 2001, Balmaseda et al. 2000). Die theoretische Basis sind gesamtwirtschaftliche Angebots-Nachfrage-Modelle. Problematisch ist bei diesem Ansatz die Auswahl des zugrunde liegenden Modells sowie der identifizierenden Restriktionen, die das Ergebnis beeinflussen.

Univariate statistische Verfahren

Die statistische Zeitreihenanalyse stellt verschiedene Verfahren zur Verfügung, die für die Schätzung des Produktionspotentials ausschließlich die Informationen nutzen, die im tatsächlichen Bruttoinlandsprodukt enthalten sind. Eine einfache Alternative, gewissermaßen ein „Klassiker“, ist die Methode, das Produktionspotential über eine abschnittsweise log-lineare Trendschätzung zu ermitteln. Diese Methode wurde vorgestellt von Burns und Mitchell (1946) und in der Folge vielfach angewandt, unter anderem auch von der OECD (vgl. Chouraqui et al. 1990).[7] Sie erfordert die Festlegung von oberen und unteren konjunkturellen Wendepunkten. Dann wird ein linearer Trend zwischen zwei zyklisch vergleichbaren Punkten zweier benachbarter Zyklen geschätzt und als Wachstumstrend des Produktionspotentials interpretiert.[8] Dabei wird implizit die wenig plausible Annahme getroffen, dass das Potentialwachstum sich nur an bestimmten Punkten schlagartig und möglicherweise drastisch ändert, während es zwischen den Bruchpunkten konstant ist. Hinzu kommt, dass am aktuellen Rand, also jenseits des letzten Bruchpunkts, eine aussagefähige Trendschätzung kaum möglich ist. Die Fortschreibung des Wachstumstrends des jeweils letzten vollen Zyklus hat den Nachteil, dass die zur Verfügung stehende Information nicht voll ausgenutzt wird.

---

7 Für eine Anwendung auf Deutschland siehe z.B. Boss (1987).

8 Häufig wird der Trend zwischen zwei konjunkturellen Höhepunkten geschätzt. Mit dieser so genannten Peak-to-Peak-Methode lässt sich zwar die Wachstumsrate des Produktionspotentials ermitteln, nicht jedoch der Output Gap direkt erkennen. Dieser ist nämlich definiert als Abweichung der tatsächlichen Produktion vom gleichgewichtigen Niveau der Produktion, die am zyklischen Höhepunkt in der Regel überschritten sein dürfte. Daher legte z.B. die OECD die Produktion in der Mitte des Zyklus als Festpunkt bei ihrer Schätzung des Wachstumstrends zugrunde.

Das bekannteste und am weitesten verbreitete univariate Schätzverfahren ist gegenwärtig der Hodrick-Prescott (HP)-Filter (Hodrick und Prescott 1997); beispielsweise verwendet ihn die Europäische Kommission bei der Konjunkturbereinigung des Haushaltssaldos, um den Output Gap zu ermitteln (EZB 2000a: 43). Der HP-Filter kann als ein (raffinierter) gleitender Durchschnitt aufgefasst werden. Er minimiert die Abweichungen der Trendwerte von den tatsächlichen Werten, allerdings unter der Nebenbedingung, dass die Veränderung des Trendwachstums eine bestimmte Größenordnung nicht überschreiten darf. Mit Hilfe eines Glättungsparameters lässt sich festlegen, wie stark das Trendwachstum variieren darf. In dem einen Extremfall ergibt sich ein linearer Trend, in dem anderen konvergiert die Reihe des geschätzten Produktionspotentials zur Reihe der Ursprungswerte.

Der Vorzug des HP-Filters ist seine Einfachheit in Konzeption und Implementation. Er ist jedoch in mancherlei Hinsicht problematisch. So ist das Verfahren weitgehend „technischer“ Natur und insofern ökonomisch wenig fundiert. Die Tatsache, dass der Filter konstruktionsbedingt die Stationarität des Output Gaps gewährleistet, wird zwar zum Teil als positiv gewertet (Cogley und Nason 1995). Allerdings wird damit a priori die Möglichkeit ausgeschlossen, dass sich die tatsächliche Produktion über einen längeren Zeitraum von ihrem gleichgewichtigen Niveau entfernt. Auch ist mit der Wahl des Glättungsparameters die Variation des Potentials in Relation zum Output Gap weitgehend festgelegt; damit hängen die Ergebnisse des Verfahrens wesentlich von den Vorgaben des Anwenders ab. Nicht zuletzt ergibt sich bei der Schätzung des Produktionspotentials am aktuellen Rand ein gravierendes Problem daraus, dass der Trend gegen Ende des Schätzzeitraums dazu neigt, zu den tatsächlichen Werten zu konvergieren (Barrell und Sefton 1995: 68). So sind nach Baxter und King (1995) wenigstens Daten für drei weitere Jahre erforderlich, damit die geschätzten Trendwerte sinnvoll interpretiert werden können. Dies führt dazu, dass entweder auf Aussagen über die Entwicklung des Produktionspotentials in den jüngsten drei Jahren (und in den ersten drei Jahren) des Untersuchungszeitraums verzichtet werden muss oder dass mit Hilfe von Prognosewerten die Datenbasis nach vorn (und hinten) verlängert wird. Letzteres Vorgehen bedeutet freilich, dass das Ergebnis am aktuellen Rand stark von der Prognose abhängt, deren Qualität ex ante nicht bekannt ist.

Ein anderes univariates Verfahren zur Trendermittlung ist der Band-Pass-Filter nach Baxter und King (1995). Der Grundgedanke stammt aus der Spektralanalyse: Output-Schwankungen innerhalb eines bestimmten Frequenzbandes werden als konjunkturell angesehen und herausgefiltert. Derjenige Teil der Variation der Produktion, der außerhalb der Konjunkturfrequenzen liegt, wird als Veränderung des Trends (bzw. des Produktionspotentials) aufgefasst. Wiederum ist allerdings das Ergebnis maßgeblich von exogen gesetzten Parametern abhängig, und das so genannte End-of-Sample-Problem besteht auch hier.

Multivariate zeitreihenanalytische Verfahren

Generell ist an den univariaten zeitreihenanalytischen Verfahren zu kritisieren, dass lediglich die Informationen aus einer Zeitreihe genutzt werden, um das Produktionspotential zu schätzen (Quah 1992). Multivariate Verfahren werten hingegen andere Zeitreihen (beispielsweise die Kapazitätsauslastung in der Industrie, Umsätze, Arbeitslosigkeit oder Beschäftigung) aus. Sie nutzen dabei bekannte strukturelle ökonomische Zusammenhänge bei der Schätzung des Produktionspotentials; das Ergebnis ist daher in der ökonomischen Theorie verankert. Ein Beispiel ist die multivariate Beveridge-Nelson-Zerlegung (vgl. z.B. Barrell und Sefton 1995 und Schumacher 1999), bei der Vektorautoregressionen unter Berücksichtigung von Kointegration geschätzt werden.

Ein gewichtiger Nachteil ist die im Vergleich zu univariaten Verfahren ungleich schwierigere praktische Umsetzung. Um eine Fehlspezifikation zu vermeiden, müssen die zugrunde liegenden langfristigen Kointegrationsbeziehungen korrekt ermittelt und die Kurzfristdynamik des Modells sorgfältig geschätzt werden. Problematisch ist darüber hinaus die Auswahl der einbezogenen Zeitreihen.

2.3.2 Empirische Schätzungen des Output Gaps für Deutschland

In Tabelle 1 werden Schätzungen des Output Gaps für Deutschland wiedergegeben. Während für den Euroraum eine Reihe von Schätzungen des Produktionspotentials und seiner Auslastung aus jüngerer Zeit vorliegen (z.B. Fagan et al. 2001; Schumacher 2000, 2002), liegen entsprechende Arbeiten für Deutschland kaum vor. Der Sachverständigenrat hat eine Potentialschätzung zuletzt im Jahresgutachten 1997 (für das frühere Bundesgebiet) veröffentlicht.[9] Die Deutsche Bundesbank hat seit 1995 keine Potentialschätzung nach ihrer zuvor verwendeten Methodik mehr publiziert, kürzlich aber Potential- und Output-Gap-Schätzungen auf der Basis eines Verfahrens vorgelegt, das Elemente des Produktionsfunktionsansatzes mit statistischen Ansätzen kombiniert (Deutsche Bundesbank 2003). Output-Gap-Schätzungen für Deutschland unter Verwendung einer multivariaten Beveridge-Nelson-Zerlegung liegen für die Jahre von 1991 bis 1994 vor. Für aktuelle Werte des Output Gaps, die auf Produktionsfunktionen basie-

---

9 Danach war eine Weiterführung des Ansatzes aufgrund fehlender Daten für den Kapitalstock zeitweise nicht möglich. Obwohl das notwendige Datenmaterial inzwischen (zumindest für die Zeit ab 1991) zur Verfügung steht, hat der Sachverständigenrat eine Aktualisierung seiner Potentialschätzung bislang nicht vorgenommen.

Tabelle 1:
Output-Gap[a]-Schätzungen für Deutschland

Quelle	Methode	1991	1992	1993	1994	1995	1996	1997	1998	1999	2000	2001	2002
OECD (2003)	Produktions-funktion	1,6	1,0	–2,0	–1,4	–1,1	–1,8	–2,0	–1,6	–1,1	0,3	0,4	–1,7
IMF (2003)	Produktions-funktion	2,9	3,0	0,0	0,7	0,7	–0,2	–0,5	–0,4	–0,1	0,9	0,3	–0,9
Sachverständigenrat (1997)[b,c]	Produktions-funktion	3,0	1,1	–2,9	–3,0	–3,2	–3,4	–2,5	.	.	.	.	.
Deutsche Bundesbank (1995)[b]	Produktions-funktion	2,7	1,1	–2,5	–1,6	.	.	.	.	.	.	.	
Fritsche und Logeay (2002)[d]	SVAR	1,2	1,1	–0,5	0,2	–0,1	–1,5	–2,0	–0,7	–0,9	–0,3	–0,3	.
Deutsche Bundesbank (2003)	Nichtparametri-sches Verfahren	3,1	2,1	–0,4	–0,1	–0,3	–1,3	–1,6	–1,3	–0,8	0,6	–0,1	–1,3
Barrell und Sefton (1995)	Multivariate B-N-Zerlegung	2,4	2,9	0,2	0,0	.	.	.	.	.	.	.	
Eigene Berechnungen	HP (100)-Filter	2,3	2,1	–0,8	–0,1	0,0	–0,8	–0,8	–0,6	–0,1	1,5	1,2	–0,1

[a]Abweichung des realen Bruttoinlandprodukts vom Produktionspotential in Prozent. – [b]Westdeutschland. – [c]Berechnet als Abweichung der ausgewiesenen Auslastung von der Normalauslastung in Prozentpunkten. – [d]Jahreswerte berechnet als Durchschnitt von Quartalswerten, die von den Autoren zur Verfügung gestellt wurden; Wert für 2001: Mittel der ersten drei Quartale.

ren, wird auf Berechnungen der OECD und des IMF zurückgegriffen. Eine SVAR-Analyse zur Ermittlung des Output Gaps in Deutschland enthält Fritsche und Logeay (2002). Schließlich wird eine eigene Schätzung mittels eines Hodrick-Prescott-Filters präsentiert.[10]

Ein Vergleich der Ergebnisse zeigt, dass die Schätzung des Auslastungsgrades mit erheblicher Unsicherheit behaftet ist. Insbesondere die Höhe des Output Gaps in einem bestimmten Jahr variiert beträchtlich, teilweise ist sogar das Vorzeichen bei verschiedenen Studien unterschiedlich. Ausgeprägt sind die Unterschiede beispielsweise zwischen den Schätzungen der OECD und des IMF, obwohl beide Institutionen das Potential auf der Basis von Produktionsfunktionen schätzen. Dabei lag der gesamtwirtschaftliche Auslastungsgrad über die gesamten neunziger Jahre nach den Berechnungen des IMF deutlich höher. Dagegen besteht größere Einigkeit darüber, in welche Richtung sich die Auslastung verändert.

Die für den aktuellen Rand verfügbaren Schätzungen diagnostizieren überwiegend einen nennenswerten negativen Output Gap.[11] Dies lässt – bei aller dargestellten Unsicherheit – darauf schließen, dass die gesamtwirtschaftlichen Kapazitäten in Deutschland im Jahr 2002 und stärker noch im Jahr 2003 in größerem Umfang unterausgelastet waren.

Die gesamtwirtschaftliche Kapazitätsauslastung spiegelt sich in der Regel am Arbeitsmarkt.[12] Wesentlich für die Bestimmung der freien Kapazitäten in der Gesamtwirtschaft ist jedoch nicht die absolute Zahl der Arbeitslosen, sondern die Relation zur inflationsstabilen Arbeitslosenquote, der so genannten NAIRU (Non-Accelerating Inflation Rate of Unemployment), oder, anders ausgedrückt,

---

10 Um dem oben dargestellten Endpunktproblem zu begegnen, wurden für die Jahre 2002–2004 Prognosewerte für das reale Bruttoinlandsprodukt verwendet. Dabei wurde für die Jahre 2002 und 2003 die OECD-Prognose für den gesamtwirtschaftlichen Produktionsanstieg (1,0 bzw. 2,9 Prozent), für 2004 ein Wert von 2,5 Prozent unterstellt. Für 2001 wurde eine Schätzung des Jahresergebnisses von 0,5 Prozent verwendet. Auf die Berechnung eines Output Gaps durch einen Band-Pass-Filter wurde auf Grund nur geringer Abweichungen der Ergebnisse beider Verfahren (vgl. Chagny und Döpke 2001) verzichtet.

11 Lediglich die Berechnungen unter Verwendung eines Hodrick-Prescott(100)-Filters zeigen an, dass die deutsche Wirtschaft im Jahr 2002 annähernd normal ausgelastet war. Zur Vermeidung des Endpunktproblems wurden dabei neben der Zuwachsrate des Bruttoinlandsprodukts für 2003 (–0,1 Prozent) Werte für die BIP-Entwicklung bis 2008 berücksichtigt (jahresdurchschnittlicher Anstieg von 2004 bis 2008: 1,5 Prozent).

12 In Deutschland gilt dies zur Zeit allerdings nur bedingt. Eine Vielzahl von arbeitsmarktpolitischen Initiativen und Veränderungen der statistischen Erfassung hat die Entwicklung der Arbeitslosenquote im Jahr 2003 und zu Beginn des Jahres 2004 erheblich beeinflusst; entsprechend eingeschränkt ist ihre Aussagefähigkeit für analytische Zwecke (Benner et al. 2004: 44–50).

zur strukturellen Arbeitslosigkeit. Diese für die Schätzung des Output Gaps in vielen Ansätzen zentrale Größe ist selbst mit erheblicher Unsicherheit behaftet. Zum einen ist die NAIRU im Zeitablauf offenbar nicht konstant (Gordon 1997); bei der Schätzung am aktuellen Rand tritt das so genannte Endpunktproblem in ähnlicher Weise auf wie bei der Schätzung des Produktionspotentials. Zum anderen sind die Punktschätzer wenig präzise. So finden Staiger et al. (1997), dass die NAIRU in den Vereinigten Staaten mit einer Wahrscheinlichkeit von 95 Prozent zwischen 4,8 und 6,6 Prozent lag. Diese Unsicherheit pflanzt sich zum einen in die Schätzung des Produktionspotentials fort. Zum anderen erschwert eine solche Spannweite Empfehlungen für die Wirtschaftpolitik, insbesondere die Geldpolitik, erheblich (Galbraith 1997).

Für Westdeutschland legt Franz (2001) die Schätzung einer zeitvariablen NAIRU vor, nach der die strukturelle Arbeitslosigkeit seit 1980 nahezu stetig aufwärts gerichtet war. Allerdings führte die Phase 1988–1991, in der die tatsächliche Arbeitslosigkeit kräftig sank, zu einer vorübergehenden Stabilisierung der NAIRU, bis mit dem Wiederanziehen der Arbeitslosigkeit auch die NAIRU wieder zu klettern begann. Auch im Jahr 1998 ging die Arbeitslosenquote erheblich zurück, und die NAIRU verharrte nahezu auf ihrem zuvor erreichten Niveau. Am Jahresende 1998 belief sich die westdeutsche NAIRU auf 8,2 Prozent, wobei ein Konfidenzintervall von 7,9 bis 8,5 Prozent angegeben wird. Sie lag zu diesem Zeitpunkt deutlich niedriger als die tatsächliche Arbeitslosenquote. Diese Schätzung ist im Einklang mit Arbeiten von Laubach (2001),[13] der OECD (Richardson et al. 2000) oder des IMF (1999b). Dagegen schätzen Barrell und Pina (2000) im Rahmen des makroökonomischen Mehrländermodells NIGEM eine NAIRU, die in der zweiten Hälfte der neunziger Jahre nur geringfügig von der tatsächlichen Arbeitslosenquote abweicht.

Insgesamt spricht die vorliegende Evidenz dafür, dass der weitaus größte Teil der Arbeitslosigkeit struktureller Natur ist, auch wenn gegenwärtig vermutlich ein gewisses Maß an konjunktureller Arbeitslosigkeit hinzu kommt. Eine Beschleunigung des Potentialwachstums kann sich dann ergeben, wenn es gelingt, dieses Arbeitskräftereservoir zu erschließen, d.h., wenn die NAIRU verringert werden kann. Dies ist freilich mit Nachfragepolitik nicht zu erreichen; hierfür bedarf es Veränderungen auf der Angebotsseite, insbesondere Strukturreformen am Arbeitsmarkt (Sachverständigenrat 2002, Siebert 1996).

---

13 Allerdings weist Laubach ein wesentlich größeres Konfidenzintervall (etwa ± 1,5 Prozentpunkte) aus.

3 Bestimmungsgründe des Produktionspotentials

3.1 Produktionsfaktoren und Produktionspotential

Unabhängig von der genauen Definition des Produktionspotentials wird das Wachstum der Wirtschaft in der längeren Frist von dem Bestand an Produktionsfaktoren, Arbeit und Kapital, sowie von der totalen Faktorproduktivität, die häufig mit dem Begriff „technischer Fortschritt" beschrieben wird, bestimmt.[14] Ausgangspunkt der Überlegungen ist somit eine makroökonomische Produktionsfunktion, die die gesamtwirtschaftlichen Produktionskapazitäten in Abhängigkeit von drei Faktoren beschreibt: dem gesamtwirtschaftlich einsetzbaren Arbeitsvolumen L, dem gesamtwirtschaftlichen Sachkapitalstock K und den technischen und institutionellen Rahmenbedingungen A:

$$X = f(A, K, L).$$

Der üblichen Formulierung folgend sind K und L die gesamtwirtschaftlichen Produktionsfaktoren. Faktor A bestimmt die Einsatzeffizienz oder Produktivität dieser Produktionsfaktoren. Diese hängt zum einen vom Niveau und der Zunahme des technischen und organisatorischen Wissens ab. Zum anderen wird sie durch die Qualität der institutionellen Rahmenbedingungen beeinflusst.

Die Entwicklung dieser Größen kann von der Wirtschaftspolitik auf vielfältige Weise beeinflusst werden. Allerdings sind die wirtschaftspolitischen Maßnahmen in der Regel dem Bereich der Mikroökonomie zuzuordnen; zur Förderung des Wirtschaftswachstums sind durch geeignete institutionelle Rahmenbedingungen die Anreize so zu setzen, dass im Ergebnis der Faktoreinsatz, die Faktorakkumulation und der technische Fortschritt positiv beeinflusst werden. Makroökonomische Instrumente, die im Vordergrund der Analyse in dieser Studie stehen, sind nach vorherrschender Auffassung vor allem geeignet, die Schwankungen der Auslastung des Produktionspotentials zu verringern. Ihre Einflussmöglichkeiten werden im Abschnitt 3.2 analysiert.

Es gibt freilich in der Literatur eine lange Diskussion darüber, inwieweit kurzfristige (konjunkturelle) Schwankungen das langfristige Wachstum beeinflus-

14 Vgl. für eine Darstellung im Rahmen der traditionellen Wachstumstheorie z.B. Kromphardt (1977).

sen.[15] Dabei werden mindestens drei widerstreitende Thesen vertreten. *Erstens* wird behauptet, dass ausgeprägte zyklische Schwankungen dem Wachstum schaden; dies ist eine Position, die der Philosophie der keynesianischen Stabilisierungspolitik zugrunde liegt. *Zweitens* wird postuliert, dass die Volatilität der Konjunktur durch einen Prozess der schöpferischen Zerstörung im Sinne Schumpeters das Potentialwachstum positiv beeinflusst (Aghion und Howitt 1992). *Drittens* wird davon ausgegangen, dass Konjunktur und Wachstum weitgehend unabhängig sind. Diese Sichtweise liegt den meisten makroökonomischen Modellen zugrunde. Dies hat auch zur Folge, dass in der empirischen Literatur zur Erklärung des langfristigen Wachstums die zyklische Variabilität selten als erklärende Variable benutzt wird (Barro und Sala-i-Martin 1995).

Die empirische Evidenz ist ebenfalls nicht eindeutig. Während Ramey und Ramey (1995) im Rahmen einer Länderquerschnittsanalyse die These stützen, dass zyklische Schwankungen das Wachstum dämpfen, findet Mills (2000) eine positive Korrelation zwischen diesen beiden Variablen. Empirische Untersuchungen von Döpke (2001, 2004) verstärken die Zweifel daran, dass es einen klaren negativen Zusammenhang zwischen der Stärke zyklischer Schwankungen und dem Potentialwachstum gibt. Insgesamt erscheint die Hypothese der Unabhängigkeit von Trend und Zyklus angesichts dieses Befundes gerechtfertigt.

Zu den institutionellen Rahmenbedingungen, die auf das Wachstum wirken und direkt durch die Wirtschaftspolitik beeinflusst werden können, zählt das Angebot an öffentlichen Gütern. Ein ausreichendes Angebot an öffentlichen Gütern ist Voraussetzung für das Funktionieren der Märkte. Zu den öffentlichen Gütern zählt nicht nur die physische Infrastruktur; vor allem sind Rechtssicherheit, der Schutz des Eigentums sowie die Sicherung von Wettbewerb notwendig, um die dynamischen Kräfte des marktwirtschaftlichen Systems zu erschließen. Darüber hinaus ist aber auch ein Mindestmaß an sozialer Sicherheit zu gewährleisten, damit möglichst alle Menschen, also auch die ängstlichen und skeptischen und nicht nur die risikofreudigen, am wettbewerbsbestimmten Marktprozess teilnehmen (Soltwedel 1997, Sinn 1995). Ein Übermaß an Regulierung, die Vermeidung oder Verlangsamung eines durch marktwirtschaftliche Prozesse induzierten Strukturwandels (beispielsweise durch Subventionen) sowie das Verdrängen des Subsidiaritätsprinzips durch paternalistisch-kollektive staatliche Vorsorge vermindern indes die Dynamik der Wirtschaft. Beispiele von hoch entwickelten reichen Ländern, die im internationalen Wettbewerb weit zurückgefallen sind, belegen den negativen Einfluss einer drastischen Ausweitung staatlicher Aktivität. Das Beispiel Neuseelands zeigt aber, dass durch umfassende institutionelle Reformen die wirtschaftliche Dynamik, also das Potentialwachstum der Volkswirtschaft, wieder erhöht werden kann (Kasten 1).

---

15 Für einen Überblick der älteren Literatur siehe Zarnowitz (1981).

Kasten 1:
Die Wirtschaftsreformen in Neuseeland und ihre Wachstumswirkungen

Neuseeland hat in den achtziger und neunziger Jahren zahlreiche tiefgreifende Reformen durchgeführt.[1] Dabei wurde ein über Jahrzehnte entstandenes dichtes Netz von staatlichen Interventionen weitgehend beseitigt; aus einer der am stärksten regulierten Volkswirtschaften der westlichen Welt wurde innerhalb weniger Jahre eine der liberalsten.

Vor den Reformen waren private Aktivitäten ohne entsprechende Lizenz kaum möglich. Die Staatsbürokratie kontrollierte den Marktzutritt, die Preissetzung, die Art der angebotenen Güter und Dienstleistungen, ebenso Arbeits- und Öffnungszeiten (Schrader 1999: 112 f.). Gegen ausländische Konkurrenz wurde die neuseeländische Wirtschaft durch Importzölle, -quoten und -lizenzen geschützt. Zudem wurde die Importsubstitution nachdrücklich gefördert. Es erfolgte eine umfassende Devisenbewirtschaftung, und es gab ein System fester Wechselkurse. In vielen Sektoren dominierten Staatsunternehmen. Auch der Arbeitsmarkt war hoch reguliert (zentralisierte Tarifverhandlungen, Zwangsmitgliedschaft in Gewerkschaften, Zwangsschlichtung).

Die Defizite der interventionistischen Wirtschaftsordnung wurden in den siebziger Jahren deutlich sichtbar, als sich mit dem Beitritt des Vereinigten Königreichs zur EWG im Jahr 1973 und durch sinkende Terms of Trade infolge der Ölpreiserhöhungen die außenwirtschaftlichen Rahmenbedingungen massiv verschlechterten. Versuche, die Wirtschaft durch eine expansive Geld- und Fiskalpolitik anzukurbeln, verpufften und endeten in Inflation sowie einem nicht mehr finanzierbaren Leistungsbilanzdefizit.

Vor diesem Hintergrund nahm 1984 die neu gewählte *Labour*-Regierung einen radikalen Kurswechsel vor: In rascher Folge wurden der zuvor als Notmaßnahme verhängte Lohn- und Preisstopp aufgehoben und die meisten Lohn- und Preiskontrollen abgeschafft, der Devisenmarkt liberalisiert und der Wechselkurs des NZ-Dollars freigegeben. Subventionen in Landwirtschaft und Industrie wurden abgebaut und ein Kartellgesetz erlassen, das einen weitgehend freien Wettbewerb sichern sollte. Die Staatsunternehmen wurden umstrukturiert und ihre Privatisierung eingeleitet. Das Steuersystem wurde umfassend reformiert (Ersatz einer Vielzahl indirekter Steuern durch eine Nettoumsatzsteuer, Vereinfachung und spätere Senkung der Unternehmenssteuern, wiederholte Senkung der Einkommensteuer). Im Jahr 1990 wurde die Zentralbank unabhängig gemacht und auf die Einhaltung von Preisniveaustabilität verpflichtet. In den neunziger Jahren wurde (unter bürgerlicher Regierung) die Arbeitsmarktverfassung grundlegend liberalisiert (*Employment Contracts Act* von 1991).[2] Daneben wurde das Sozialsystem reformiert mit der Zielrichtung, Ausgaben einzusparen und die Eigenverantwortlichkeit zu stärken. Die Regierung wurde gesetzlich auf eine Konsolidierung der Staatsfinanzen verpflichtet, und das Privatisierungstempo wurde erhöht.

noch Kasten 1

Abbildung: Anstieg des realen Bruttoinlandsprodukts und Trendwachstum in Neuseeland

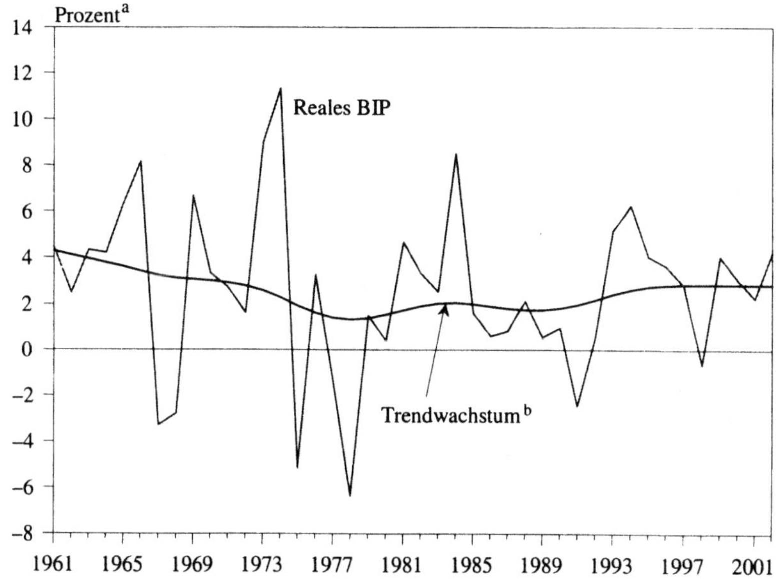

[a]Veränderungen gegenüber dem Vorjahr. – [b]Berechnet mit einem Hodrick-Prescott-(100)-Filter.

Die neuseeländische Wirtschaft war als Ergebnis der Reformen einem enormen Anpassungsdruck ausgesetzt. Mitte der achtziger Jahre stieg die gesamtwirtschaftliche Produktion nur noch schwach; 1991 kam es zu einer schweren Rezession. Im Zuge der Steigerung der Produktionseffizienz ging die Beschäftigung in dieser Phase erheblich zurück, die Arbeitslosenquote stieg von 3,5 Prozent im Jahr 1985 auf 10,3 Prozent im Jahr 1991. In den neunziger Jahren kam es dann aber zu einem kräftigen Aufschwung, und das Trendwachstum ist mit 2,8 Prozent inzwischen wieder ähnlich hoch wie am Ende der sechziger Jahre (vgl. obige Abbildung). Die Arbeitslosenquote ging deutlich auf 5,2 Prozent im Jahr 2002 zurück. Im Unterschied zu manchen anderen Ländern, die eine starke Verringerung der Arbeitslosigkeit verzeichnen konnten (beispielsweise Dänemark oder die Niederlande), war dies nur zu einem geringen Teil auf vermehrte Teilzeitarbeit, Frühverrentung oder aktive Arbeitsmarktpolitik zurückzuführen (Schrader 1999). Vielfach wird in der Liberalisierung des Arbeitsmarktes die notwendige, bis zum Beginn der neunziger Jahre noch fehlende Komponente für einen durchgreifenden Erfolg des Reformprogramms gesehen.

[1]Für eine Übersicht vgl. OECD (1999c: Annex III), Sachverständigenrat (1996: 44 ff.) und Evans et al. (1996). – [2]Vgl. hierzu im einzelnen Kasper (1996), Honeybone (1997) und Schrader (1999).

3.1.1 Der Faktor Arbeit

Das Arbeitsangebot wird zum einen durch das Bevölkerungswachstum bestimmt, welches mit zunehmendem Einkommensniveau tendenziell zurückgeht. Die Politik kann hier mit Maßnahmen, die das Reproduktionsverhalten der Bevölkerung verändern, eingreifen. Angesichts der in Deutschland im Vergleich zu anderen Industrieländern sehr niedrigen Geburtenrate und der damit verbundenen besonders ungünstigen Altersstruktur der Bevölkerung ist die so genannte Familienpolitik gegenwärtig stark in das öffentliche Interesse gerückt. Neben dem Versuch, durch monetäre Anreize (Kindergeld, Erziehungsgeld) die Geburtenzahl zu erhöhen, steht hier die Schaffung von Institutionen im Vordergrund, die die Vereinbarkeit von Erwerbsarbeit und Kindererziehung verbessern. Darüber hinaus kann das Bevölkerungswachstum durch eine gesteigerte Nettozuwanderung erhöht werden. Allerdings wird durch eine auf diese Weise getriebenes Potentialwachstum das Pro-Kopf-Einkommen nicht gesteigert, welches für Wachstumsbetrachtungen der geeignetere Wohlfahrtsindikator ist.[16]

Zum anderen kann das Arbeitsangebot dadurch ausgeweitet werden, dass das Erwerbspersonenpotential in stärkerem Maße ausgeschöpft wird. In Deutschland besteht hierzu erheblicher Spielraum angesichts einer im internationalen Vergleich geringen Erwerbsquote. So empfehlen sich Maßnahmen, die Teilzeitarbeit (und damit insbesondere die Frauenerwerbstätigkeit) begünstigen. Darüber hinaus können die bereits im Produktionsprozess befindlichen Erwerbspersonen dazu veranlasst werden, ihren Arbeitseinsatz auszudehnen. So ist in den Vereinigten Staaten nicht nur die strukturelle Arbeitslosigkeit in der zweiten Hälfte der neunziger Jahre gesunken, was das Produktionspotential erhöht hat, sondern auch die durchschnittliche Wochenarbeitszeit gestiegen (US Department of Labor 2001). Schließlich führt eine längere Lebensarbeitszeit – sei es dadurch, dass das durchschnittliche Renteneintrittsalter hinausgeschoben wird, sei es dadurch, dass der Eintritt in das Berufsleben früher erfolgt – dazu, dass das der Volkswirtschaft zur Verfügung stehende Arbeitsvolumen zunimmt.

In Deutschland werden die Arbeitsanreize durch die Einkommensteuer und die Belastung der Arbeitseinkommen mit Sozialabgaben gemindert. Hinzu kommt eine implizite Belastung der Arbeitseinkommen durch den Entzug von einkommensabhängigen Transfers, mit der Folge, dass insbesondere im Bereich niedriger Einkommen zusätzliches Arbeitsangebot wenig attraktiv und eine Reform dringlich ist (Gern 1999). Gleichzeitig müssen die Institutionen am Arbeitsmarkt so umgestaltet werden, dass sie eine Lohnbildung gemäß den Knapp-

---

16 So fällt das Wachstumsdifferential zwischen den Vereinigten Staaten und Deutschland erheblich geringer aus, wenn man auf die Zunahme des Pro-Kopf-Einkommens statt auf die des absoluten realen Bruttoinlandsprodukts abstellt (Gern et al. 2000: 256 f.).

heiten am Arbeitsmarkt zulassen. Durch Lohnzurückhaltung können die Gewerkschaften zur Senkung der Arbeitskosten beitragen, die für eine Rückkehr zur Vollbeschäftigung notwendig ist; dies entspräche einer Ausweitung des Produktionspotentials von Seiten des Faktors Arbeit. Wichtig ist, dass die Löhne stärker nach Qualifikationen, Branchen und Regionen differenziert werden. Eine solche Differenzierung wird aber nicht nur durch überhöhte Tariflöhne (die zudem teilweise für allgemeinverbindlich erklärt werden) und Institutionen wie das Günstigkeitsprinzip verhindert. Das bestehende System der sozialen Mindestsicherung lässt auch eine ausreichende Flexibilität der Löhne nach unten nicht zu (Siebert 1997a). Auch deshalb ist eine Reform nötig.

3.1.2 Der Faktor Kapital

Die Akkumulationsrate des Faktors Kapital (Investitionsquote) beeinflusst in der Sicht des neoklassischen Wachstumsmodells zwar nicht die gleichgewichtige Wachstumsrate. Eine höhere Investitionsquote ist aber mit einem höheren Einkommensniveau verbunden. Gelingt es, die Investitionstätigkeit nachhaltig anzuregen, so führt dies im Übergang auf das neue Gleichgewicht (Steady State) zu einer höheren Wachstumsrate. Die Periode des Übergangs ist nach empirischen Schätzungen so lang, dass über viele Jahre eine Zunahme des Potentialwachstums zu verzeichnen ist. So wird in empirischen Analysen ein positiver Zusammenhang zwischen Investitionsquote und Wirtschaftswachstum festgestellt (z. B. DeLong und Summers 1991 und Mankiw et al. 1992).[17]

Die Kapitalbildung kann durch Maßnahmen angeregt werden, die die Sachkapitalrendite erhöhen. Hierzu kann einmal die Steuerpolitik beitragen. Einkommensteuern treiben einen Keil zwischen die Kapitalrenditen vor und nach Steuerabzug. Steuern auf Kapitaleinkünfte vermindern die Erträge des Sparens und damit die Kosten des Gegenwartskonsums; sie reduzieren die Anreize zur Kapitalbildung. Die Verbesserung der steuerlichen Rahmenbedingungen muss aber nachhaltig sein. Temporäre Investitionsanreize können das Wachstum nicht dauerhaft anregen. Dies zeigen die Erfahrungen in Deutschland in den neunziger Jahren. Zur Stärkung der Investitionstätigkeit kann auch die Lohnpolitik beitragen. Durch Lohnzurückhaltung erhöht sich die Sachkapitalrendite, mit der Folge, dass Kapitalstock und Produktionspotential schneller steigen.

---

17 Allerdings ist die Kausalität der Beziehung unklar (Barro 1997: 22).

3.1.3 Technischer Fortschritt

Das Produktionspotential erhöht sich auch dadurch, dass die Produktivität der Produktionsfaktoren zunimmt. Der Anstieg der totalen Faktorproduktivität, also die Zunahme der Produktion bei unverändertem Einsatz der Faktoren Arbeit und Kapital, wird gewöhnlich als technischer Fortschritt bezeichnet. In dieser Größe werden freilich nicht nur die Produktivitätseffekte technischer Innovationen im engen Sinne erfasst, sondern auch Verbesserungen der Organisation oder ein höheres Humankapital.[18]

Investitionen in Humankapital sind notwendige Voraussetzung für einen raschen Produktivitätsfortschritt (Rebelo 1998). Eine bessere Ausbildung der Arbeitskräfte erlaubt eine verbesserte Ausnutzung der bestehenden Kapazitäten. Investitionen in Ausbildung lassen darüber hinaus zusätzliche Innovationen erwarten. Die Wirtschaftspolitik kann hier zum einen durch ein effizientes Angebot an schulischer und universitärer Ausbildung positiv wirken. Darüber hinaus kann die Humankapitalbildung dadurch gefördert werden, dass die Anreize für Aus- und Fortbildung erhöht werden. Dies kann zum Beispiel durch eine verstärkte Lohndifferenzierung nach Qualifikationen geschehen. Die Sozialleistungen in größerem Umfang zu konditionieren bietet einen weiteren Ansatzpunkt. Schließlich ist zu fragen, inwieweit die Beschäftigungspolitik mit ihren Weiterbildungsprogrammen effizienter ausgestaltet werden kann.

Bahnbrechende technische Innovationen können eine längerfristige Beschleunigung des Produktivitätsfortschritts auslösen (Greenwood 1999). So wird derzeit diskutiert, ob mit den Innovationen im Bereich der Informations- und Telekommunikation ein solcher Wachstumsschub eingesetzt hat (Oliner und Sichel 2000; Gordon 2000, 2002; Jorgensen 2002; Kommission 2003). Es ist zwar zu bezweifeln, dass wegweisende Erfindungen durch wirtschaftspolitische Maßnahmen gezielt gefördert werden können. Möglich ist jedoch, die Umsetzung von Erfindungen in Anwendungen durch geeignete Rahmenbedingungen zu fördern. Dies kann beispielsweise geschehen, indem die Entwicklung eines Risikokapitalmarktes, der Existenzgründungen begünstigt, erleichtert wird. Entscheidend ist Offenheit gegenüber Neuem, die wiederum darin ihren Ausdruck findet, dass Wettbewerb möglichst wenig beschränkt wird.

---

18 Der technische Fortschritt wurde in der traditionellen Wachstumstheorie als exogen gegeben betrachtet. Im Rahmen der so genannten Neuen Wachstumstheorie erfolgte eine Endogenisierung dieses Faktors (Romer 1986, 1990; Lucas 1988; Barro und Sala-i-Martin 1995).

3.2 Makroökonomische Politik und Produktionspotential

In diesem Abschnitt wird untersucht, wie sich der Einsatz der vor allem kurzfristig wirkenden makroökonomischen Instrumente auf das Produktionspotential auswirkt. Speziell werden die Geldpolitik und die Finanzpolitik sowie die Lohnpolitik untersucht. Gelingt es, durch Maßnahmen in diesen makroökonomischen Politikbereichen einen oder mehrere der oben beschriebenen Bestimmungsfaktoren des Produktionspotentials dauerhaft zu erhöhen, so steigt das Produktionspotential nachhaltig. Zu prüfen ist für die drei makroökonomischen Politikbereiche jeweils, ob dies möglich ist. Die Analyse erfolgt vor dem Hintergrund, dass in Deutschland und Europa beträchtliche Arbeitslosigkeit herrscht.

3.2.1 Geldpolitik

Die Geldpolitik zielt darauf ab, die gesamtwirtschaftliche Nachfrage so zu steuern, dass das gesamtwirtschaftliche Preisniveau auf mittlere Sicht konstant bleibt bzw. nur in einem geringen. von der Zentralbank tolerierten Umfang steigt. Dies ist dann zu erwarten, wenn die Nachfrage sich im Einklang mit dem gesamtwirtschaftlichen Produktionspotential entwickelt. Das wichtigste Instrument der Zentralbank ist die Steuerung der Geldbasis und die damit verbundene Festlegung des kurzfristigen Nominalzinssatzes, der wiederum eine wichtige Bestimmungsgröße der relativen Rentabilität von Sachkapitalinvestitionen ist: eine Erhöhung (Senkung) der Zinsen verringert (erhöht) die Rentabilität von Sachkapitalinvestitionen. Außerdem erhöht ein Zinsanstieg möglicherweise die Attraktivität des Sparens.[19] Beides bremst die gesamtwirtschaftliche Nachfrage. Zusätzliche dämpfende (anregende) Effekte können sich über den Export ergeben, weil eine Zinserhöhung (Zinssenkung) tendenziell mit einer realen Aufwertung (Abwertung) der inländischen Währung verbunden ist.

Effekte der Geldpolitik auf das Produktionspotential ergeben sich zum einen indirekt über die Preisniveaustabilität (Bofinger et al. 1996: 22 ff.). Da den Preisen in einer Marktwirtschaft eine Schlüsselfunktion bei der Koordination der einzelwirtschaftlichen Aktivitäten zukommt, ist es für die allokative Effizienz entscheidend, dass die Wirtschaftssubjekte die von Preisveränderungen ausgehenden Signale klar erkennen können. Dies ist nur gewährleistet, wenn gesamtwirtschaftliche Preisniveaustabilität herrscht. Inflation (oder Deflation) gefährdet die effiziente Allokation knapper Ressourcen, weil dadurch die für die Allokation

---

19 Theoretisch ist der Effekt unbestimmt, da Substitutions- und Einkommenseffekt einer Zinsänderung einander entgegenwirken. Döpke und Kamps (1999) finden keinen signifikanten Einfluss der Zinsen auf den Konsum in Deutschland.

bedeutenden Veränderungen der relativen Preise schwieriger von Veränderungen des gesamtwirtschaftlichen Preisniveaus zu unterscheiden sind. Dies gilt umso mehr, als empirisch eine Erhöhung der Inflation typischerweise auch damit einhergeht, dass die Schwankungen der Inflationsrate zunehmen. Zu der Beeinträchtigung des Produktionspotentials durch die inflationsbedingte Allokationsverzerrung kommt hinzu, dass bei steigenden Inflationsraten die realen Kapitalmarktzinsen steigen, denn die Halter von nicht inflationsindexierten Schuldverschreibungen verlangen nun einen Risikoaufschlag. Dies verteuert die Bildung von Sach- und Humankapital. Der Kapitalstock und damit das Produktionspotential fallen geringer aus als in einem Klima der Preisniveaustabilität. Insgesamt besteht somit ein positiver Zusammenhang zwischen dem Grad der Preisniveaustabilität und dem Wachstum des Produktionspotentials.

Zum anderen können von der Geldpolitik auch kurzfristig direkte Effekte auf das Produktionspotential ausgehen, nämlich über ihre Wirkung auf die Rentabilität der Investitionen und damit auf die Investitionen selbst. Da Investitionen stets nicht nur die gesamtwirtschaftliche Nachfrage verändern, sondern auch den Kapitalstock, führen sie zu einer Veränderung des Produktionspotentials. Eine Zinssenkung (Zinserhöhung) wirkt somit für sich genommen kurzfristig kapitalstock- und damit potentialerhöhend (-senkend). Entscheidend für die Geldpolitik ist allerdings die relative Größenordnung der Effekte auf der Nachfrage- und auf der Angebotsseite: da die laufenden Investitionen jeweils nur einen geringen Prozentsatz des zur Verfügung stehenden gesamtwirtschaftlichen Kapitalstocks verändern, während mit den Anlageinvestitionen und dem Export (über den Wechselkurs) wesentliche Teile der gesamtwirtschaftlichen Nachfrage von einer Zinsveränderung berührt werden,[20] ist der Effekt einer Zinsänderung auf das Produktionspotential geringer als der Effekt auf die gesamtwirtschaftliche Nachfrage.[21] Die Folge ist, dass eine Zinssenkung für sich genommen stets dazu führt, dass die gesamtwirtschaftliche Nachfrage stärker steigt als das Produktionspotential, so dass sich, ausgehend von einer Situation, in der Gleichheit von Angebot und Nachfrage herrscht, im Laufe der Zeit ein Inflationsdruck aufbaut. Dem muss über eine kontraktive Politik entgegengewirkt werden. Eine mit dem Ziel der Er-

---

20 In Deutschland lag das Verhältnis aus Bruttoanlageinvestitionen und Bruttoanlagevermögen im Jahr 2000 bei 4,5 Prozent, der Anteil der Bruttoanlageinvestitionen am Bruttoinlandsprodukt betrug 22 Prozent, der Anteil des Exports 34 Prozent (Statistisches Bundesamt 2001).

21 Diese Sichtweise entspricht der in allen gängigen makroökonomischen Modellen. Sie stimmt ferner überein mit der neoklassischen Wachstumstheorie (Abel und Bernanke 1998: 181 ff.). Danach bestimmt sich im Wachstumsgleichgewicht die Wachstumsrate des Kapitalstocks nach der Summe aus der Zuwachsrate des Arbeitsangebots und der Rate des technischen Fortschritts. Temporäre Abweichungen von diesem Gleichgewicht sind möglich; es stellt sich jedoch immer wieder eine Konvergenz zum Gleichgewicht ein.

höhung des Kapitalstocks vorgenommene Zinssenkung kann daher nur kurzfristig etwas für das Potentialwachstum bewirken. Kommt es zu keiner kontraktiven Politik, steigt die Gefahr einer höheren Inflationsrate. Da Inflation jedoch über die beschriebenen Effekte auf die Allokation und auf die langfristigen Zinsen das Wachstum des Produktionspotentials beeinträchtigt, wird der Primäreffekt über die Kapitalstockerhöhung mittelfristig konterkariert. Angesichts des in empirischen Studien festgestellten negativen Zusammenhangs zwischen Inflation und Wachstum (vgl. z.B. Judson und Orphanides 1999) kann insgesamt sogar ein negativer Gesamteffekt entstehen.

Eine expansive Geldpolitik kann das Potentialwachstum diesen Überlegungen zufolge allein nicht fördern, sondern läuft tendenziell Gefahr es zu verringern. Die Geldpolitik sollte sich daher auf die Gewährleistung der Preisniveaustabilität und die Minimierung der Schwankungen der Inflationsraten beschränken. Sie sollte keine Versuche unternehmen, das Produktionspotential direkt zu beeinflussen.

3.2.2 Finanzpolitik

Der Finanzpolitik steht eine Vielzahl von Instrumenten zur Verfügung, mit denen sie auf die Wirtschaftsaktivität Einfluss nehmen kann. Die meisten haben sowohl (kurzfristige) Wirkungen auf die gesamtwirtschaftliche Nachfrage als auch (langfristige, strukturelle) Effekte auf das Produktionspotential. So führt eine Verringerung der Einkommensteuersätze isoliert betrachtet kurzfristig zu mehr privatem Konsum und regt die Konjunktur an; niedrigere Einkommensteuersätze stärken aber auch die Arbeits-, Spar- und Investitionsanreize und erhöhen so das Produktionspotential. Wichtig ist dabei die Finanzierung der Steuersenkung. Eine Kreditfinanzierung kann unter Umständen die Kapitalmarktzinsen erhöhen, mit negativen Folgen für die gesamtwirtschaftliche Nachfrage und das Produktionspotential, da die Investitionstätigkeit beeinträchtigt wird; werden dagegen konsumtive oder gar effizienzmindernde Staatsausgaben wie z.B. Subventionen gekürzt, so ist mit einem positiven Effekt auf das Produktionspotential zu rechnen.

Der Finanzpolitik im Sinne der Fiscal Policy werden häufig Wirkungen auf die Konjunktur zugeschrieben, es ist aber empirisch nicht gesichert, dass die Fiscal Policy die Konjunktur beeinflusst. Den expansiven oder kontraktiven Effekten einer Änderung des strukturellen Budgetsaldos stehen gegenläufige Wirkungen gegenüber. Sie können die Anstöße kompensieren (Ricardo-Äquivalenz) oder gar überkompensieren.

Soweit es konjunkturelle Effekte der Fiscal Policy gibt, ist unklar, mit welcher Verzögerung sie eintreten. Es lässt sich nicht ausschließen, dass die Wirkungen erst dann eintreten, wenn der Auslastungsgrad eine andere als die ursprüngliche Ausrichtung der Fiscal Policy wünschenswert erscheinen lässt.

Einer expansiven (kontraktiven) Fiscal Policy muss im Sinne der keynesianischen Konzeption eine kontraktive (expansive) Politik folgen. Andernfalls, also bei asymmetrischer Politikgestaltung, sinkt langfristig der strukturelle Budgetsaldo (steigt das Budgetdefizit), und die Staatsverschuldung nimmt relativ zum Bruttoinlandsprodukt zu.

Die Fiscal Policy hat bei symmetrischer Ausgestaltung grundsätzlich keinen Effekt auf das Produktionspotential. In dem Maße, in dem sie prozyklisch wirkt und die Schwankungen des Auslastungsgrades vergrößert statt verkleinert, beeinträchtigt sie das Potentialwachstum. Es ist daher insgesamt ratsam, auf eine Finanzpolitik im Sinne von Konjunkturpolitik zu verzichten, die Finanzpolitik also mittelfristig auf eine Stärkung des Produktionspotentials hin auszurichten.

Grundsätzlich können viele Maßnahmen zur Stärkung des Produktionspotentials ergriffen werden. „Veränderungen bei den Staatsausgaben und Steuern, durch die externe Investitionseffekte erhöht, Humankapital vermehrt oder Wissen erzeugt wird, können sich ... auf das Niveau und die Wachstumsrate der Produktion auswirken" (EZB 2001a: 48). Es geht dabei um die Anreizwirkungen von Steuern, Sozialleistungen und Subventionen sowie um die Frage, welche Leistungen als öffentliche Güter vom Staat bereitgestellt werden müssen, wenn es nicht zu einem privaten Angebot kommt. Im Folgenden wird anhand von Beispielen skizziert, wie die Finanzpolitik das Produktionspotential beeinflussen kann.

Von grundlegender Bedeutung ist es, dass der Staat öffentliche Güter wie z.B. eine Rechtsordnung verbunden mit Rechtssicherheit bereitstellt. Durch Investitionen in die Infrastruktur kann der Staat die Rentabilität privater Wirtschaftstätigkeit erhöhen. Bei gegebenen Gesamtausgaben kann er durch Umschichtung der Ausgaben (z.B. durch eine Kürzung von Erhaltungssubventionen und eine Erhöhung der Bildungsausgaben) das Produktionspotential beeinflussen; in der öffentlichen Diskussion wird dies häufig als eine „qualitative" Konsolidierung bezeichnet.

Zur Finanzierung der öffentlichen Ausgaben sind Steuereinnahmen erforderlich, soweit nicht auf Verschuldung zurückgegriffen wird. Die Besteuerung hat wiederum Einfluss auf das Produktionspotential. Es kommt daher darauf an, das Steuersystem so auszugestalten, dass die notwendigerweise aus einer Besteuerung resultierenden negativen Anreizwirkungen auf das Arbeitsangebot, die Ersparnis, die Sach- und Humankapitalbildung sowie die Forschungs- und Entwicklungsaktivitäten gering gehalten und gegebenenfalls reduziert werden. Bei gegebenem Steueraufkommen trägt dazu beispielsweise eine Anhebung der Mehrwertsteuer bei gleichzeitiger Reduktion der Einkommensteuersätze bei, weil die Kapitalbildung dann weniger beeinträchtigt wird. Bei der Einkommensbesteuerung, soweit sie erhalten bleibt, lassen sich positive Wirkungen auf das Produktionspotential dadurch erzielen, dass die Steuersätze gesenkt werden, die Bemessungsgrundlage aber verbreitert wird.

Positive Effekte auf das Produktionspotential lassen sich auch dadurch erreichen, dass gleichzeitig bestimmte Ausgaben und Steuern gesenkt werden. Beispielsweise können Finanzhilfen reduziert und die Einkommensteuersätze durchgängig gesenkt werden. Damit würden Verzerrungen der Wirtschaftsstruktur infolge der Subventionen gemindert, Anreize gestärkt und Rent-seeking-Aktivitäten weniger attraktiv.

Die Finanzpolitik kann auch gezielt auf eine Erhöhung der Beschäftigung ausgerichtet werden und so das Produktionspotential erhöhen.[22] Ausgangspunkt ist dabei der Umstand, dass hohe Steuern auf den Arbeitseinsatz bei gleichzeitig großzügigen Sozialleistungen die Anreize zur Arbeitsaufnahme schwächen. Relevante Sozialleistungen sind z.B. die Arbeitslosenunterstützung, die Sozialhilfe oder die Altersrenten.

Die Arbeitslosenunterstützung sichert ein bestimmtes Einkommen für einen bestimmten Zeitraum. Sie ermöglicht es damit, mehr Zeit als sonst für die Suche nach der produktivsten Beschäftigung aufzuwenden; dies erhöht grundsätzlich die Effizienz, kann allerdings die Dauer der Arbeitslosigkeit verlängern und das Produktionspotential verringern. Negativ auf das Produktionspotential wirkt auch, dass mit der Dauer der Arbeitslosigkeit Humankapital verloren geht bzw. gehen kann (EZB 2001a: 51).

Gravierende Anreizprobleme verursacht das System der Sozialhilfe in der gegenwärtigen Ausgestaltung. Hier könnte das Arbeitsangebot durch eine Vergrößerung des Lohnabstands und durch eine andere Form der Anrechnung von Arbeitseinkommen auf den Sozialhilfeanspruch erhöht werden.[23] Mit Korrekturen bei der Sozialhilfe könnten gleichzeitig Hemmnisse für mehr Lohndifferenzierung beseitigt werden. Im Bereich der Rentenversicherung lässt sich durch den Verzicht auf die Förderung des Vorruhestands die künstliche Verknappung des Arbeitsangebots verhindern. Das Produktionspotential nähme infolge der skizzierten Maßnahmen zu.

Am Rande sei erwähnt, dass Änderungen der Finanzverfassung zu einer Stärkung des Produktionspotentials beitragen können. Steuerautonomie der Länder könnte ein Schritt in diesem Bereich der Finanzpolitik sein, wäre sie doch mit Eigenverantwortung verbunden und führte sie doch im Wettbewerb zu mehr Effizienz bei der Leistungserstellung.

---

22 Vgl. hierzu auch den folgenden Abschnitt 3.2.3.

23 Mit Hartz-IV wurden inzwischen Schritte unternommen, um die Anreizproblematik zu entschärfen.

Insgesamt ist festzuhalten, dass ein schlanker öffentlicher Sektor mit einem geringen Anteil an unproduktiven Ausgaben und mit einem effizienten Steuersystem – bei niedriger Staatsverschuldung (einschließlich der impliziten Verbindlichkeiten im Bereich der Rentenversicherung) – dem Wirtschaftswachstum zuträglich ist.

3.2.3 Lohn- und Arbeitsmarktpolitik

Vor dem Hintergrund des beträchtlichen Ausmaßes der Arbeitslosigkeit in Deutschland (und in Europa) sind alle Maßnahmen, die dazu führen, dass die Arbeitslosen wieder in den Produktionsprozess integriert werden, geeignet, das Potentialwachstum zu erhöhen. Ein wesentlicher Teil der Arbeitslosigkeit dürfte auf eine spezifische Funktionsstörung des Arbeitsmarktes zurückzuführen sein. Ergebnis dieser Störung ist, dass das tatsächliche Niveau der Effektivlöhne in Deutschland über dem Niveau liegt, das zur Räumung des Arbeitsmarktes führt (vgl. z.B. Sachverständigenrat 1994: Tz. 444 ff.). Dieses Problem ist aufgrund unzureichender Lohndifferenzierung bei Arbeitskräften mit relativ geringer Produktivität besonders gravierend. Mit einer großen Anzahl von erwerbslosen Personen steht der Wirtschaft prinzipiell ein Reservoir von Arbeitskräften zur Verfügung, die in der Produktion eingesetzt und somit zur Erhöhung der Produktionskapazitäten beitragen könnten. Hier kommen der Lohnpolitik und einer auf die Reform der institutionellen Rahmenbedingungen gerichteten Arbeitsmarktpolitik eine bedeutende Rolle für die Stärkung des Potentialwachstums zu.

Unter der *Lohnpolitik* werden hier die in Deutschland auf Branchenebene zwischen den Tarifparteien getroffenen Vereinbarungen verstanden. Die Lohnpolitik kann durch Tarifabschlüsse, die deutlich hinter der Summe aus dem Zuwachs der gesamtwirtschaftlichen Produktivität und der Inflationsrate zurückbleiben, dafür sorgen, dass das Lohnniveau wieder stärker an das markträumende Niveau herangeführt wird. Dies würde die Arbeitsnachfrage der Unternehmen steigen lassen. Zusätzliche positive Effekte auf die Arbeitsnachfrage sind von einer stärkeren Differenzierung der Löhne nach Maßgabe der Qualifikation der Beschäftigten sowie der jeweiligen Region und Branche zu erwarten (Sachverständigenrat 2001: Tz. 416 ff.). Flankierend könnten Maßnahmen der *Arbeitsmarktpolitik* eingesetzt werden, etwa eine Verringerung des Mismatches von Arbeitssuchenden und offenen Stellen, die stärkere Qualifikation von Arbeitssuchenden mit geringerer Produktivität, aber auch eine Überprüfung des Anspruchs- und Leistungsumfangs der Arbeitslosenversicherung und Änderungen der Arbeitsmarktordnung wie eine Auflockerung der arbeitsrechtlichen Rahmenbedingungen (Sachverständigenrat 2001: Tz. 433 ff., Soltwedel 1997).

Theoretisch bedeutet eine Eingliederung von Arbeitslosen in die gesamtwirtschaftliche Produktion einen „Sprung“ des Produktionspotentials. Es käme zu einer Erhöhung durch den verstärkten Arbeitseinsatz und im Anschluss daran würde wieder die zuvor realisierte Wachstumsrate erreicht. In der Realität dürfte sich allerdings ein Wiedereingliederungsprozess der Arbeitslosen eine Reihe von Jahren hinziehen, zumal eine sofortige Rückführung der Löhne auf ein markträumendes Niveau nicht zu erwarten ist, sondern allenfalls eine Verringerung der realen Lohnstückkosten durch reale Lohnzuwächse unterhalb des Produktivitätswachstums. Das Potentialwachstum würde somit nicht sprunghaft zunehmen, sondern über einen längeren Zeitraum stärker steigen als ohne Lohnmäßigung. Erst danach würde die Wirtschaft wieder mit ihrer durch die übrigen Faktoren bestimmten Rate wachsen.

3.2.4 Fazit

Als Fazit bleibt festzuhalten, dass sich die Geld- und Finanzpolitik sowie die Lohnpolitik in unterschiedlicher Weise zur Stärkung des Wachstums des Produktionspotentials einsetzen lassen.

Der Beitrag der Geldpolitik zum Potentialwachstum ist maximal, wenn es gelingt, die Preisniveaustabilität zu sichern und die Schwankungen der Inflation gering zu halten. Über die Wahrung der Preisniveaustabilität hinaus kann die Geldpolitik für sich genommen keinen Beitrag zum Potentialwachstum leisten.

Die Finanzpolitik hat eine Vielzahl von Möglichkeiten, das Potentialwachstum zu stärken, indem sie die allokative Effizienz des Steuersystems erhöht, Steuern senkt und konsumtive Ausgaben und Subventionen abbaut und öffentliche Investitionen in jene Bereiche lenkt, in denen der Markt kein optimales Ergebnis zu erreichen vermag und Investitionen aus Bereichen abzieht, die der Markt besser zu bedienen vermag. Eine explizit auf die Förderung des Potentialwachstums ausgerichtete staatliche Nachfragepolitik lässt sich allerdings nicht begründen.

Die Lohnpolitik schließlich kann deutliche Impulse für das Potentialwachstum geben. Angesichts der hohen Arbeitslosigkeit in Deutschland bestehen erhebliche Möglichkeiten zur Ausweitung des Produktionspotentials. Dies kann über eine dauerhaft angelegte Politik der Lohnmäßigung und der Lohndifferenzierung, die von strukturellen Reformen am Arbeitsmarkt begleitet wird, realisiert werden.

4 Wirkungen einer makroökonomischen Koordination auf das Produktionspotential

4.1 Koordination von Geldpolitik und Lohnpolitik – eine modelltheoretische Analyse

Nachdem im vorangehenden Kapitel gezeigt wurde, dass insbesondere über die Lohnpolitik der Tarifpartner die Möglichkeit einer Erhöhung des Potentialwachstums besteht, soll nun der Frage nachgegangen werden, ob eine Koordination der Lohnpolitik mit der Geldpolitik Vorteile mit sich brächte. Die obige Analyse hat auch verdeutlicht, dass die Geldpolitik selbst über die Sicherung der Preisniveaustabilität hinaus keinen Beitrag zum Potentialwachstum leisten kann. Eine Zunahme des Potentialwachstums wird sich in der folgenden Analyse also nur als Folge der Lohnpolitik ergeben. Allerdings kann die Geldpolitik dafür sorgen, dass ein höheres Produktionspotential auch durch eine höhere gesamtwirtschaftliche Nachfrage ausgelastet wird, das Potentialwachstum also möglichst rasch und komplett durch einen Anstieg des Bruttoinlandsprodukts ausgeschöpft wird. Tatsächlich sollte eine auf das Ziel der Preisniveaustabilität orientierte Zentralbank dies auch tun, da das Potentialwachstum sonst mit einer höheren Variabilität der Inflation verbunden ist.

Im Folgenden wird es daher darum gehen, wie die Geldpolitik auf eine durch eine angebotspolitisch ausgelöste Ausweitung des Produktionspotentials reagieren sollte und welche Rolle eine ausdrückliche Koordinierung der beiden Politikbereiche dabei spielen kann. Welche angebotspolitische Maßnahme für die Ausweitung des Produktionspotentials verantwortlich ist, ist für die nachfolgende modelltheoretische Analyse unerheblich. Die Ausweitung könnte etwa durch eine günstige Finanzpolitik oder andere exogene Faktoren ausgelöst werden. Denkbar wäre natürlich auch, dass die Arbeitsmarktpolitik die strukturelle Arbeitslosigkeit senkt und auf diesem Wege das Produktionspotential der Volkswirtschaft anhebt. Um die verbalen Erläuterungen der modelltheoretisch erzielten Ergebnisse zu vereinfachen, soll fortan unterstellt werden, dass potentialsteigernde Angebotsschocks vornehmlich von der Lohnpolitik ausgehen. Die Diskussion erfolgt dabei ohne die Berücksichtigung internationaler Spillover-Effekte und unter der Annahme, dass Arbeitsmarktpolitik und Geldpolitik der nationalen Kontrolle unterliegen. Komplikationen, die sich aus der Tatsache ergeben, dass die Geldpolitik in Deutschland aufgrund der Europäischen Währungsunion nicht mehr national bestimmt wird, sollen in diesem Schritt noch nicht beachtet werden.

Für die Analyse wird eine leicht modifizierte Version eines einfachen dynamischen Makromodells verwendet. Das Modell wird zunächst erläutert und seine Dynamik analysiert. Anschließend wird auf den im vorangegangenen Kapitel untersuchten Zusammenhang zwischen Geldpolitik und Produktionspotential für den Fall der Berücksichtigung von Kapazitätseffekten von Investitionen eingegangen. Danach werden die geldpolitischen Optionen bei einer Erhöhung des Potentialwachstums diskutiert.

4.1.1 Aufbau des Modells

Die nachfolgend durchgeführte theoretische Analyse bedient sich eines einfachen makroökonomischen Modells, bestehend aus einer gesamtwirtschaftlichen Nachfragegleichung, einer Preisanpassungsgleichung, einer Gleichung für das Produktionspotential und einer Geldnachfragefunktion. Modelle dieser Art sind ein Standardinstrument zur Analyse von Fragen der makroökonomischen Politik, insbesondere der Geldpolitik.[24] Ein wesentliches Merkmal dieser Modelle der so genannten „neuen neoklassischen Synthese" besteht allerdings darin, dass sie von rationalen Erwartungen aller Akteure ausgehen, was in einer nichtstochastischen Umgebung mit vollkommener Voraussicht identisch ist. Unter diesen Annahmen ist aber eine Koordination von Geld- und Lohnpolitik zur Verbesserung des Informationsstandes der Geldpolitik, wie sie hier untersucht werden soll, überflüssig, da die Notenbank – wie alle anderen Akteure – bereits über vollständige Information verfügt. Gern et al. (2003) zeigen im Rahmen eines einfachen Modells dieses Typs, dass die Notenbank im Fall eines graduellen Anstiegs der Produktivität auf ein dauerhaft höheres Niveau die Zinsen temporär anheben muss. Denn bei rationalen Erwartungen werden die Verbraucher versuchen, einen Teil des ihnen in der Zukunft zufließenden Einkommenszuwachses aus dem Produktivitätsgewinn bereits in der Gegenwart zu konsumieren, mit der Folge, dass die Notenbank die gesamtwirtschaftliche Nachfrage über höhere Zinsen drosseln muss, um einen Anstieg der Inflation zu verhindern.[25]

24 Überblicksaufsätze zu diesem Modellansatz finden sich bei Goodfriend und King (1997), McCallum und Nelson (1999), Clarida et al. (1999), King (2000) und McCallum (2001). In der Regel wird allerdings nicht mit einer Geldnachfragefunktion, sondern mit einer Reaktionsfunktion für den Zins argumentiert. King (2000) vergleicht die beiden Ansätze.

25 Andere Politikempfehlungen ergeben sich für den Fall, dass der Produktivitätsschock nur vorübergehender Natur ist oder bereits vor dem eigentlichen Eintreten erwartet wird. Vgl. Gern et al. (2003).

Angesichts der Vielzahl von Schocks und Strukturbrüchen in der Makroökonomie[26] und der Schwierigkeiten, die selbst Experten bei der Prognose der makroökonomischen Entwicklung und insbesondere mit der Bestimmung und Prognose des Produktionspotentials haben, erscheinen die Informationsanforderungen für rationale Erwartungen allerdings sehr hoch.[27] Wird diese Annahme nicht gemacht, so kann eine Koordination der Politikbereiche im Sinne einer Verbesserung des Informationsstandes der Geldpolitik, positive Effekte haben. Um diesen Fall zu untersuchen, entspricht das in dieser Untersuchung verwendete Modell in seiner Struktur einem Modell der neuen neoklassischen Synthese, allerdings ohne die Annahme rationaler Erwartungen. Im Folgenden wird zunächst der Modellaufbau erläutert. Anschließend wird analysiert, wie sich unterschiedliche Geldangebotsregeln im Fall einer Erhöhung des Produktionspotentials auswirken.

Das Modell ist in diskreter Zeit formuliert und wird durch die folgenden Gleichungen beschrieben:

(1)	Aggregierte Nachfrage:	$y_t = -\alpha(i - \Delta p_t)$
(2)	Produktionspotential:	$x_t = A + \omega x_{t-1}$
(3)	Preisanpassungshypothese:	$\Delta p_t = \beta(y_t - x_t)$
(4)	Geldmarktgleichgewicht:	$m_t - p_t = y_t - \gamma i_t$

Die Buchstaben bedeuten:

y: gesamtwirtschaftliche Nachfrage

x: gesamtwirtschaftliches Produktionspotential

i: Nominalzins

p: Preisniveau

m: Geldmenge

$\alpha, \beta, \omega, \gamma, A$ sind Parameter.

Mit Ausnahme des Nominalzinssatzes i bezeichnen lateinische Kleinbuchstaben den natürlichen Logarithmus der makroökonomischen Variable.

Gleichung (1) ist die Bestimmungsgleichung der aggregierten Güternachfrage. Diese Gleichung bringt zum Ausdruck, dass die aggregierte Güternachfrage in

---

26 Stock and Watson (1996) zeigen, dass eine Reihe empirischer makroökonomischer Relationen Strukturbrüche aufweisen.

27 So auch Hendry (2002).

einer geschlossenen Volkswirtschaft vom Niveau des Realzinses $i_t - \Delta p_t$ abhängt. Die Realzinsen wirken vornehmlich über die private Investitionstätigkeit über den Einkommenseffekt auf die aggregierte Nachfrage. Sie können aber auch das Konsumverhalten der privaten Haushalte beeinflussen. So wäre es zum Beispiel denkbar, dass die Nachfrage der privaten Haushalte nach langfristigen Konsumgütern vom Realzins abhängt.

Gleichung (2) spezifiziert das gesamtwirtschaftliche Güterangebot oder Produktionspotential x_t. Den obigen Überlegungen zu dessen Bestimmungsgründen entsprechend wird in diesem Modell angenommen, dass das Produktionspotential vor allem durch Größen beeinflusst wird, die nicht mit der konjunkturellen Dynamik zusammenhängen und daher in diesem Modell als exogen aufgefasst werden. Diese sind der Einfachheit halber in der Variablen A zusammengefasst. In den im nachfolgenden Kapitel durchgeführten numerischen Simulationen der Modellökonomie wird die Größe A als eine Schockvariable behandelt. Durch sie wird der Einfluss von Veränderungen bei den Bestimmungsgründen des Produktionspotentials, wie sie etwa von der Arbeitsmarktpolitik oder Maßnahmen der Finanzpolitik verursacht werden, auf den Zeitpfad des Produktionspotentials modelliert. Unterstellt ist im Modell ferner, dass sich Veränderungen des Produktionspotentials nicht abrupt vollziehen. Auf das laufende Produktionspotential wirkt annahmegemäß stets ein Anteil von ω $(0 < \omega < 1)$ seines Wertes in der Vorperiode, es dauert daher mehrere Perioden, bis Schocks auf das Produktionspotential ihre volle Wirkung erreichen.

In Gleichung (3) werden die dem Modell zugrunde liegenden Annahmen hinsichtlich der Dynamik der Preisanpassung am Gütermarkt formalisiert. Die Gleichung besagt, dass die mit dem Differenzenoperator Δ bezeichnete Veränderung des aggregierten Preisniveaus p_t wegen $\beta > 0$ eine positive Funktion der Differenz zwischen der aggregierten Güternachfrage y_t und dem aggregierten Güterangebot x_t, d.h. dem Output Gap $y_t - x_t$, ist. Dies ist die traditionelle Spezifikation der „Phillips-Kurve".

Das Geldmarktgleichgewicht wird durch Gleichung (4) beschrieben. Das mit dem aggregierten Preisniveau deflationierte, exogen von der heimischen Zentralbank vorgegebene Angebot an Außengeld m_t trifft gemäß dieser Gleichgewichtsbedingung auf eine von der aggregierten Güternachfrage und dem Niveau des Nominalzinses i_t abhängige Geldnachfrage. Während die Abhängigkeit der Geldnachfrage vom Einkommen die Geldhaltung aus dem Transaktionsmotiv einfängt, spiegelt der heimische Zinssatz die Opportunitätskosten der Kassenhaltung wider. Es gilt daher $\gamma > 0$.

4.1.2 Auswirkungen einer Ausweitung des Produktionspotentials bei alternativen geldpolitischen Regeln

Das makroökonomische Modell soll in den nachfolgenden Simulationsexperimenten eingesetzt werden, um den Einfluss makroökonomischer Politikkoordination auf den Zeitpfad des Produktionspotentials, des tatsächlich realisierten Bruttoinlandsprodukts und der Inflationsrate zu analysieren.[28] Ausgangspunkt dabei ist ein gegebener positiver modellexogener Schock auf das Produktionspotential, der durch eine effizienzsteigernde Arbeitsmarktpolitik ausgelöst wird.[29] Dieser wird im Modell durch eine permanente Erhöhung der Größe A abgebildet, die sich mit der angenommenen Verzögerung auf das tatsächliche Produktionspotential x_t auswirkt. Diese Ausweitung des gesamtwirtschaftlichen Angebotsspielraums bedeutet allerdings nicht, dass die gesamtwirtschaftliche Nachfrage und damit das Bruttoinlandsprodukt sofort in ähnlichem Umfang zunimmt. Hier könnte prinzipiell die Möglichkeit für die Geldpolitik bestehen, über eine Steuerung der gesamtwirtschaftlichen Nachfrage dafür zu sorgen, dass die gesamtwirtschaftliche Nachfrage bereits während des Anpassungsprozesses dem Produktionspotential entspricht, die Einkommensspielräume somit ausgenutzt werden. Da das Produktionspotential prinzipiell nicht beobachtbar ist, kann eine Koordinierung zwischen jenen makroökonomischen Funktionsträgern, die die Ausweitung des Produktionspotentials verursachen, also Finanzpolitik und/oder Arbeitsmarktpolitik und der Geldpolitik sinnvoll sein, da sie es der Geldpolitik leichter machen kann, den Potentialanstieg zu erkennen.

Geldpolitische Regeln

Um die optimale Reaktion der Geldpolitik auf eine Ausweitung des Produktionspotentials umfassend untersuchen zu können, empfiehlt es sich, die Modelldynamik unter Zugrundelegung alternativer realistischer Geldangebotsregeln zu analysieren. Nachfolgend werden wir die dynamischen Eigenschaften des Modells in den nachfolgend näher beschriebenen geldpolitischen Regimen einer genaueren Analyse unterziehen.

Zunächst besteht eine mögliche Form der Regelbindung darin, dass die Geldpolitik überhaupt nicht auf den angebotsseitigen Schock reagiert:

$$(6) \qquad m_t = \overline{m} \quad \forall t.$$

---

28 Allen Simulationen liegt die Parametrisierung $\alpha = 0{,}5$; $\beta = 0{,}2$; $\gamma = 0{,}5$; $\omega = 0{,}95$ zugrunde.

29 Die Ursache für die Ausweitung des Produktionspotentials ist für die weitere Analyse unerheblich. Die Ausweitung könnte somit auch durch eine günstige Finanzpolitik oder andere exogene Faktoren ausgelöst werden.

In diesem Fall berücksichtigt die Zentralbank in ihrem Entscheidungskalkül die angebotsseitige Störung nicht und hält die angebotene Geldmenge in allen Perioden t konstant. Dies ist der einfachste Fall der von Friedman (1968) vorgeschlagenen „k-Prozent-Regel", nach der die Notenbank die Geldmenge unabhängig vom makroökonomischen Umfeld stets um den konstanten Faktor k erhöhen sollte.

Ein alternatives Szenario wird durch eine potentialorientierte Geldpolitik beschrieben, welche in ihrer einfachsten Form durch die folgende Geldangebotsregel umschrieben werden soll:[30]

(7) $m_t = x_t$.

Gleichung (7) bringt zum Ausdruck, dass in diesem geldpolitischen Regime die Zentralbank unmittelbar auf angebotsseitige Schocks mit einer proportionalen Ausdehnung der Geldmenge reagiert. Ein Nachteil der in Gleichung (7) formulierten Geldangebotsregel ist, dass unterstellt wird, dass die Zentralbank noch in der Periode, in der der Angebotsschock auftritt, mit einer Anpassung des Geldangebots reagieren kann. Um auf diesen Nachteil abzielende Kritik aufzugreifen, soll in dem nachfolgend durchgeführten Simulationsexperiment auch der Einfluss einer verzögerten Reaktion der Geldpolitik auf angebotsseitige Störungen auf das dynamische Verhalten der endogen Variablen des Modells analysiert werden. Die in Gleichung (8) formulierte Geldangebotsregel formalisiert diesen Gedanken:

(8) $m_t = x_{t-n}, \qquad n \geq 1,$

wobei mit dem Index n eingefangen wird, welchen Vorlauf die angebotsseitige Störung vor der geldpolitischen Reaktion hat.

Modellergebnisse

Die Ergebnisse der dynamischen Simulationen zeigt Abbildung 1. Im oberen Teil der Abbildung ist die Reaktion der Produktionslücke in Abhängigkeit von den drei geldpolitischen Regeln dargestellt. Es zeigt sich, dass der Output Gap absolut betrachtet am größten ausfällt, wenn die Geldmenge überhaupt nicht an das höhere Produktionspotential angepasst wird („k-Prozent-Regel"). In diesem Fall folgt aus dem höheren Potentialwachstum zunächst keine höhere gesamt-

---

30 In der Realität ist bei der Formulierung einer potentialorientierten Geldmengenregel auch die trendmäße Veränderung der Umlaufgeschwindigkeit des Geldes und die von der Zentralbank angestrebte Zielinflationsrate zu berücksichtigen. Im vorliegenden Modell wird zur Vereinfachung für die Umlaufgeschwindigkeit des Geldes ein konstanter Wert von 1 und für die Zielinflationsrate ein Wert von 0 unterstellt.

wirtschaftliche Nachfrage, so dass eine negative Produktionslücke entsteht. Da das gesamtwirtschaftliche Angebot nun die gesamtwirtschaftliche Nachfrage übersteigt, ergibt sich ein Abwärtsdruck auf das Preisniveau, die Inflationsrate fällt unter die Zielinflationsrate der Notenbank (Abbildung 1, unterer Teil). Das Sinken des Preisniveaus setzt nun allerdings einen Korrekturmechanismus in Kraft. Denn mit sinkendem Preisniveau steigt die reale Geldmenge, mit der Konsequenz, dass die Zinsen nominal und real fallen. Dadurch wird die gesamtwirtschaftliche Nachfrage stimuliert. Ab einem bestimmten Punkt ist die Stimulierung so stark, dass sich die Produktionslücke wieder zu schließen beginnt und sich der beschriebene Prozess umkehrt. Im neuen Gleichgewicht ist das reale Bruttoinlandsprodukt auf dem durch das Produktionspotential bestimmten höheren Niveau, die Produktionslücke ist geschlossen und die Inflationsrate entspricht ihrer Zielrate. Da das Preisniveau niedriger ist als in der Ausgangslage, ist die reale Geldmenge dauerhaft höher, der Zins dauerhaft niedriger als vor der Erhöhung des Produktionspotentials.

Reagiert die Notenbank dagegen kontemporär auf die Ausweitung des Produktionspotentials, indem sie die Geldmenge proportional dazu erhöht (Gleichung (7)), fallen die Zinsen sofort. Die aggregierte Nachfrage steigt und in der Folge fallen die Produktionslücke und die Abweichung der Inflationsrate von ihrem Ziel geringer aus als im ersten Szenario.

Realistischer dürfte ein mittlerer Fall sein (Gleichung (8)). Da das Produktionspotential nicht beobachtbar ist, wartet die Notenbank zunächst n Perioden ab, um mehr Daten und damit mehr Gewissheit darüber zu erlangen, ob sich das Produktionspotential tatsächlich verändert hat. Nach diesen n Perioden erhöht sie die Geldmenge proportional zur Ausweitung des Produktionspotentials. In Abbildung 1 ist der Fall $n = 4$ dargestellt. Während der ersten 4 Perioden fallen die Produktionslücke und die Abweichung der Inflation vom Ziel genauso stark aus wie in ersten Szenario. Ab Periode 5 erhöht die Notenbank die Geldmenge und die Zinsen sinken. Die gesamtwirtschaftliche Nachfrage beginnt zu steigen. Von diesem Punkt an fallen Produktionslücke und Inflationsabweichung geringer aus als im ersten Szenario. Die Konvergenz beider Größen zum langfristigen Gleichgewicht ist sogar rascher als im zweiten Szenario, da die Zinsen stärker sinken. Denn zu der Erhöhung der nominalen Geldmenge durch die Notenbank kommt noch der Anstieg der realen Geldmenge durch das niedrigere Preisniveau hinzu.

Abbildung 1:
Produktionslücke und Inflationsrate bei dauerhafter Erhöhung des Produktionspotentials und alternativen Reaktionen der Geldmenge

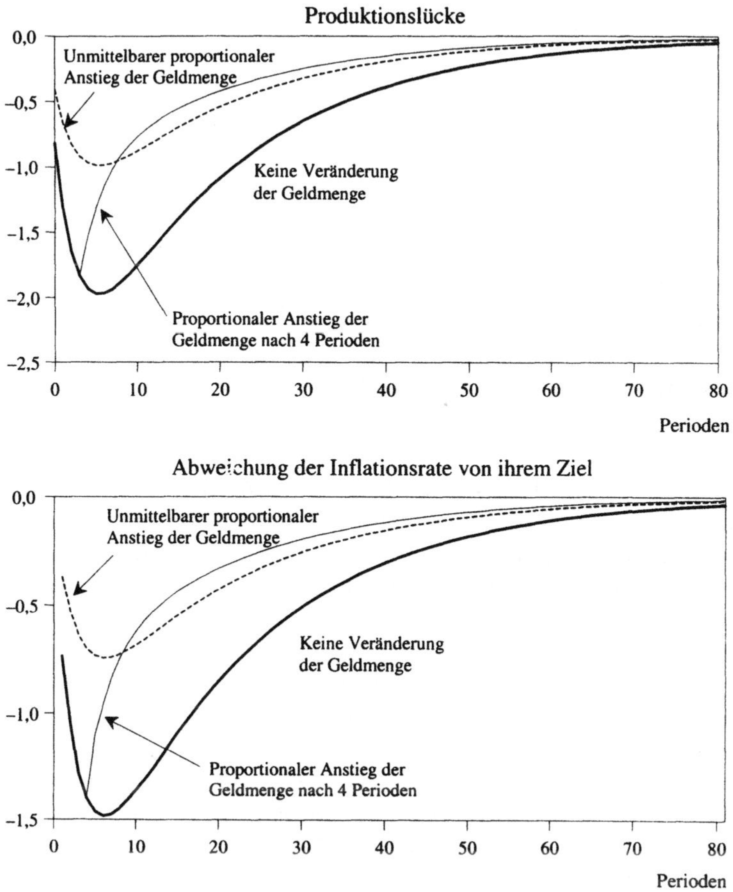

4.1.3 Optimale geldpolitische Reaktion und Koordinierung mit der Lohnpolitik

Die Modellanalyse zeigt, dass die optimale Reaktion der Geldpolitik auf die durch die gemäßigte Arbeitsmarktpolitik herbeigeführte Ausweitung des Produktionspotentials unter den hier getroffenen Annahmen darin besteht, das Geldmengenwachstum bereits in der Periode, in dem das erhöhte Potentialwachstum auftritt, entsprechend der neuen Potentialwachstumsrate zu erhöhen. Unter dieser

Regel sind die Schwankungen von Output Gap und Inflation am geringsten, die gesamtwirtschaftliche Nachfrage steigt weitgehend im Einklang mit dem Produktionspotential, so dass die Ausweitung des Produktionspotentials rasch in Form von Realeinkommenszuwächsen ausgeschöpft wird.

In der Realität ist es allerdings für die Zentralbank schwierig, rasch auf eine Ausweitung des Produktionspotentials zu reagieren, weil das Produktionspotential insbesondere am aktuellen Rand empirisch nur sehr unzuverlässig geschätzt werden kann. Da eine Überschätzung des Potentials dazu führt, dass die Inflation über die Zielmarke der Inflation hinaus steigt, dürfte eine vorsichtige Strategie der Zentralbank darin bestehen, sich hinsichtlich der Bestimmung der Geldmengenwachstumsrate eher an den zuverlässigeren historischen Schätzungen des Potentialwachstums zu orientieren. Die Simulationen zeigen, dass in diesem Fall die Schwankungen von Output Gap und Inflation größer sind als im Fall der optimalen Reaktion, jedoch geringer als in dem Fall, dass die Zentralbank überhaupt nicht auf die Ausweitung des Produktionspotentials reagiert. Das Potentialwachstum wird kurzfristig nicht optimal durch ein entsprechendes Wachstum der Realeinkommen ausgenutzt, da die gesamtwirtschaftliche Nachfrage nicht genug steigt.

Theoretisch ergibt sich also ein Argument für eine effizienzsteigernde Koordinierung von Lohnpolitik und Geldpolitik im Sinne einer Informationsverbesserung. Für die optimale Reaktion der Geldpolitik sind Informationen über die tatsächliche Ausweitung des Produktionspotentials von großer Bedeutung. Je eher die Notenbank mit Sicherheit von einer Ausweitung des Potentialwachstums ausgehen kann, umso eher wird sie bereit sein, im Wege einer expansiveren Geldpolitik für eine Ausweitung der gesamtwirtschaftlichen Nachfrage zu sorgen. Wenn die Lohnpolitik glaubhaft deutlich machen kann, dass sie dauerhaft auf einen gemäßigten Kurs eingeschwenkt ist, und gleichzeitig Strukturreformen am Arbeitsmarkt durchgeführt werden, kann die Notenbank diese Information für die Formulierung der Geldpolitik nutzen und frühzeitiger auf einen expansiven Kurs einschwenken als ohne diese Information. Natürlich ergeben sich in der Realität immer noch Probleme über die vermutliche Größenordnung der Effekte auf das Produktionspotential. Gleichwohl dürfte auch in der Realität eine vollständig glaubhafte Festlegung auf einen gemäßigten lohnpolitischen Kurs die Notenbank tendenziell zu der optimalen, d.h. akkommodierenden Geldpolitik bewegen.

Ein wesentliches Hindernis dieser Art der Koordinierung von Lohnpolitik und Geldpolitik ist allerdings, dass die lohnpolitische Ankündigung unglaubwürdig sein kann: Ist das Ziel der Lohnpolitik nicht die gesamtwirtschaftliche Wohlfahrt, sondern die kurzfristige Maximierung der Einkommen der Beschäftigten (Gewerkschaftsmitglieder) ohne ausreichende Rücksicht auf die Interessen der Arbeitslosen, so ist es für die Lohnpolitik optimal, von einer angekündigten Politik der dauerhaften Lohnzurückhaltung abzuweichen und höhere Lohnsteigerungen durchzusetzen, sobald die Notenbank im Vertrauen auf die angekündigte Politik der Lohnzurückhaltung auf einen expansiveren Kurs eingeschwenkt ist. Denn in diesem Fall erhalten die Beschäftigten Lohnsteigerungen, ohne kurzfristig mit Entlassungen rechnen zu müssen, da sich die Wirtschaft in einem monetär verursachten konjunkturellen Boom befindet; mittelfristig mündet diese Strategie freilich in eine höhere Inflation und höhere Arbeitslosigkeit. Falls diese höhere Arbeitslosigkeit für die Lohnpolitik nicht relevant ist, weil sie erst nach mehreren Jahren eintritt, der Zeithorizont der Lohnpolitik jedoch kürzer ist, ist die Ankündigung einer gemäßigten Lohnpolitik zeitinkonsistent. Die Notenbank wird ihr daher, unabhängig von den wahren Absichten der Lohnpolitik, keinen Glauben schenken und stattdessen eine vorsichtige geldpolitische Strategie bevorzugen, die nicht der angekündigten Lohnpolitik vertraut.

Damit eine Koordinierung vorhandene Potentiale nutzen und ausweiten kann, ist es daher notwendig, das Glaubwürdigkeitsproblem der Lohnpolitik zu beseitigen oder zumindest zu reduzieren. Geeignet dazu ist jede institutionelle Regel, die bewirkt, dass sich die Lohnpolitik nicht allein an den Interessen der Beschäftigten orientiert, sondern die aller Erwerbstätigen, also auch die der Arbeitslosen berücksichtigt.

4.2 Quantitative Wirkungen einer Koordination von Lohnpolitik und Geldpolitik – Simulationen mit einem makroökonometrischen Modell

Das vorangegangene Kapitel hat die wesentlichen Wirkungszusammenhänge zwischen Lohnpolitik und Geldpolitik im Hinblick auf das Wachstum des Produktionspotentials herausgearbeitet. Dabei wurden Potentiale für eine Koordination dieser beiden Politikbereiche deutlich. Die Ergebnisse wurden allerdings im Rahmen eines stark vereinfachten theoretischen Modells abgeleitet. Rückschlüsse auf die in der Realität zu erwartende Größenordnung der Effekte der verschiedenen Politikszenarien lassen sich daraus nicht ziehen. Für eine umfassende Beurteilung der Szenarien ist dies gleichwohl notwendig. Daher wird im Folgenden das analytische Instrumentarium gewechselt. Anstelle des kleinen theoretischen Modells wird die Frage nach den Wirkungen der Koordination von Lohnpolitik und Geldpolitik nun im Rahmen eines detaillierten makroökonometrischen Modells untersucht, dessen Parameter nicht gesetzt, sondern auf der Basis empirischer Daten geschätzt wurden. Dem Vorteil der größeren Realitätsnähe dieses Modells stehen als Nachteile dessen geringere Transparenz sowie die Tatsache entgegen, dass die Modellergebnisse stark von der theoretischen „Philosophie“

des Modells beeinflusst werden, die nicht in allen Details mit der theoretischen Analyse im Abschnitt 4.1 identisch ist.

Als makroökonometrischer Modellrahmen wurde das vom National Institute of Economic and Social Research (NIESR) entwickelte Modell NiGEM gewählt, das zu den wenigen derzeit verfügbaren strukturellen makroökonometrischen Modellen gehört, mit denen sich sowohl Simulationen für ein einzelnes Land des Euroraums als auch für das gesamte Euro-Währungsgebiet durchführen lassen. Im Folgenden werden zunächst das Modell kurz vorgestellt und die für die Simulationen relevanten Modellteile erläutert. Anschließend wird ermittelt, in welchem Ausmaß sich der Zuwachs des realen Bruttoinlandsprodukts, die Beschäftigung und andere Größen für den Fall einer länger anhaltenden moderaten Lohnpolitik in Deutschland und in anderen Ländern des Euroraums bei alternativen Annahmen über das Reaktionsmuster der EZB entwickeln. Wie bereits im theoretischen Teil wird davon ausgegangen, dass die Reaktion der Geldpolitik auf die Politik der Lohnzurückhaltung vom Grad der Glaubwürdigkeit der lohnpolitischen Ankündigung abhängt und insofern durch eine Koordinierung zwischen den beiden Politikbereichen beeinflusst wird.

4.2.1 Das NiGEM-Modell

Das vom NIESR in London entwickelte und laufend überarbeitete NiGEM-Modell ist ein umfangreiches strukturelles makroökonometrisches Weltmodell. Es besteht aus miteinander verbundenen Modellen mit jeweils kompletter Nachfrage- und Angebotsseite für alle wichtigen Industrieländer bzw. Regionen – darunter Deutschland und das Euro-Währungsgebiet – und für eine Reihe von Schwellen- und Entwicklungsländern. Durch die relativ detaillierte Abdeckung einer Vielzahl von Ländern ist NiGEM sehr umfangreich. In der aktuellen Version umfasst es etwa 3000 Gleichungen (NIESR 2001).

Die makroökonomische Philosophie des Modells folgt dem neu-keynesianischen Ansatz, der sich in den vergangenen Jahren als Konsens in der wissenschaftlichen Debatte herausgebildet hat (Clarida et al. 1999) und auf dem auch das theoretische Modell in Abschnitt 4.1 aufbaut. Entscheidendes Merkmal dieses Ansatzes ist es, dass Preise nur mit Verzögerungen auf exogene Veränderungen reagieren. Die Wirtschaftssubjekte haben z.T. rationale (modellkonsistente) Erwartungen (Barrell, Sefton und in't Veld 1993). In der hier verwendeten Version ist allerdings die Annahme rationaler Erwartungen auf die Wechselkursbestimmung reduziert. Für den privaten Konsum spielen Erwartungen – etwa in Form der Hypothese des permanenten Einkommens – keine Rolle. Insofern ist die Grundstruktur des hier verwendeten empirischen Modells mit der des einfachen theoretischen Modells des vorangegangenen Kapitels vergleichbar.

Jedes Ländermodell besteht aus miteinander verbundenen Teilmodellen für einzelne makroökonomische Bereiche, wie die gesamtwirtschaftliche Nachfrage, das Produktionspotential, den Arbeitsmarkt, die Geld- und die Finanzpolitik etc. Die einzelnen Länder bzw. Regionen sind über Handelsverflechtungen, Finanzmarktinterdependenzen und international gehaltene Vermögensbestände miteinander verbunden. So beeinflusst im Modell etwa eine Veränderung der Aktienkurse in den Vereinigten Staaten die europäischen Volkswirtschaften zum einen durch eine Veränderung der US-Importnachfrage, zum zweiten durch veränderte Zinsen und Wechselkurse und schließlich durch eine Veränderung des Vermögens der privaten Haushalte in Europa.

NiGEM wird vom National Institute regelmäßig bei der Quartalsprognose für die Weltwirtschaft eingesetzt. Darüber hinaus lassen sich mit dem Modell die Auswirkungen bestimmter exogener Datenänderungen simulieren, wie etwa Veränderungen der Wechselkurse oder Rohstoffpreise sowie Maßnahmen der Geld- und Finanzpolitik oder anderer wirtschaftspolitischer Bereiche. Da alle Länder des Euroraums abgebildet sind, gehört NiGEM zu den wenigen makroökonometrischen Modellen, mit denen sich Fragen zur Geldpolitik und zur makroökonomischen Koordinierung im Euroraum quantitativ untersuchen lassen. Barrell und Whitley (1992) haben mit dem Modell etwa Fragen der Politikkoordinierung im Zusammenhang mit dem Europäischen Währungssystem analysiert, Barrell, Sefton und in't Veld (1993) untersuchten die Auswirkungen der Maastricht-Kriterien auf Beschäftigung und Zinsen in Europa,[31] und Barrell und Pain (1996) simulierten die Beschäftigungswirkungen der Währungsunion mit dem Modell.

Bestimmung des Bruttoinlandsprodukts: Die Nachfrageseite des Modells

Die Modellierung der Nachfrageseite der jeweiligen Volkswirtschaft folgt in NiGEM dem in der Theorie und in anderen makroökonometrischen Modellen üblichen Standard, der sich an der Volkswirtschaftlichen Gesamtrechnung orientiert. Ausgangspunkt ist die Identitätsgleichung für die Verwendung des Bruttoinlandsprodukts, nach der sich das Bruttoinlandsprodukt aus der Summe von privaten Konsumausgaben, Konsumausgaben des Staates, Investitionen, Vorratsveränderungen und Außenbeitrag (Exporte abzüglich Importe) ergibt.

Die Konsumausgaben des Staates werden exogen von der Finanzpolitik gesetzt. Für die übrigen Nachfragekomponenten existieren stochastische Verhaltensgleichungen: Der private Konsum wird als abhängig von dem real verfügbaren Einkommen der privaten Haushalte, den kurzfristigen (3-Monats-)Zinsen, den Konsumentenpreisen und dem Vermögensbestand der privaten Haushalte modelliert. Die Investitionen werden durch die Höhe des Kapitalstocks und die

---

[31] Vgl. auch Barrell, Morgan und Pain (1996), Barrell und Sefton (1996) sowie Barrell, Pain und Sefton (1997).

Kapitalnutzungskosten bestimmt, wobei unterschiedliche Funktionen für die Wohnungsbauinvestitionen und die übrigen Investitionen geschätzt werden. Für die Vorratsveränderungen wird eine Abhängigkeit vom kurzfristigen Zins, von den Konsumentenpreisen und vom Bruttoinlandsprodukt unterstellt. Die Importe hängen vom der heimischen Endnachfrage und der preislichen Wettbewerbsfähigkeit der heimischen Wirtschaft ab, die Exporte von der Importnachfrage der Handelspartnerländer sowie ebenfalls von der preislichen Wettbewerbsfähigkeit. Die preisliche Wettbewerbsfähigkeit wird über länderspezifische effektive Wechselkurse abgebildet, die sich an der regionalen Außenhandelsstruktur des jeweiligen Landes orientieren. Insgesamt sind die Außenhandelsverflechtungen der einzelnen Länder in NiGEM sehr detailliert modelliert, um ein möglichst exaktes Bild der internationalen Konjunkturtransmission zu gewährleisten. Da dieser Aspekt für die vorliegende Untersuchung jedoch von nachrangiger Bedeutung ist, soll darauf hier nicht näher eingegangen werden.

Das Produktionspotential

Das Produktionspotential wird im NiGEM-Modell durch eine gesamtwirtschaftliche Produktionsfunktion mit konstanter Substitutionselastizität (CES-Funktion) repräsentiert. Produktionsfaktoren sind Arbeit und Kapital. Die Produktionsfunktion weist konstante Skalenerträge auf. Arbeitssparender technischer Fortschritt unterstellt (dargestellt durch den Faktor λ), lässt sich diese Funktion schreiben als:

$$(9) \qquad Y = \gamma\left[\delta K^{-\rho} + (1-\delta)\left(Le^{\lambda t}\right)^{-\rho}\right]^{-\frac{1}{\rho}},$$

wobei K und L für die Produktionsfaktoren Kapital und Arbeit (gemessen in Beschäftigtenstunden) stehen, γ und δ Skalenparameter der Produktionsfunktion sind und für die Substitutionselastizität $\sigma = 1/(1+\rho)$ gilt. Für den Fall $\rho = 0$ ist die Substitutionselastizität gleich 1 und es handelt sich um eine Cobb-Douglas-Produktionsfunktion.

Das Produktionspotential X ergibt sich aus der gesamtwirtschaftlichen Produktionsfunktion (9), wenn für den Arbeitseinsatz gerade dessen Potentialwert L^* eingesetzt wird. Letzterer ist definiert als

$$(10) \qquad L^* = E(1-U^*)H^*,$$

wobei E für die Anzahl der Erwerbspersonen, H^* für die potentielle oder gleichgewichtige Anzahl der Stunden pro Beschäftigten und U^* für die „natürliche" Arbeitslosenquote oder NAIRU stehen. Der potentielle Arbeitseinsatz ergibt sich also als Produkt aus der potentiellen Beschäftigung (berechnet als Erwerbspersonen abzüglich der natürlichen Arbeitslosigkeit) und der gleichgewichtigen Anzahl der Arbeitsstunden pro Beschäftigten. Letzteres wird über einen mit abnehmender Rate fallenden Trend geschätzt.

Der Arbeitsmarkt

Der Arbeitsmarkt, auf dem auch die natürliche Arbeitslosenquote bestimmt wird, ist in NiGEM wie folgt modelliert. Die Arbeitsnachfrage bestimmt sich aus dem Optimierungskalkül eines gewinnmaximierenden Unternehmens. Danach wird Arbeit nachgefragt, bis die Grenzproduktivität der Arbeit dem Reallohn entspricht. Formal ergibt sich die Arbeitsnachfragefunktion, indem die Produktionsfunktion (9) nach dem Arbeitseinsatz abgeleitet, das Ergebnis (die Grenzproduktivität der Arbeit) mit dem Reallohn gleichgesetzt und dieser Ausdruck dann nach L aufgelöst wird (logarithmierte Schreibweise):

$$(11) \qquad \ln L = \sigma \ln \beta(1-s) - (1-\sigma)\ln \gamma + \ln Y - \sigma \ln \frac{W}{P} - (1-\sigma)\lambda t,$$

wobei W/P für das reale Arbeitnehmerentgelt pro Stunde[32] steht. Dieser Ausdruck lässt sich kürzer schreiben als

$$(11a) \qquad \ln \frac{L}{Y} = \alpha - \sigma \ln \frac{W}{P} - (1-\sigma)\lambda t.$$

Die gesamtwirtschaftliche Arbeitsnachfrage ist demnach eine negative Funktion des Reallohns und der Rate des (arbeitssparenden) technischen Fortschritts.

Der Nominallohn (das Arbeitnehmerentgelt) wird im Rahmen eines Verhandlungsprozesses zwischen Gewerkschaften und Arbeitgebervertretern bestimmt. Seine Höhe ist Ausdruck der relativen Verhandlungsmacht der Gewerkschaften, die wiederum von der konjunkturellen Situation, der Arbeitsproduktivität und der Höhe der Arbeitslosigkeit sowie den Inflationserwartungen abhängt. Der Reallohn ist ex post betrachtet umso größer, je höher die Arbeitsproduktivität und je geringer die Arbeitslosenquote ist. Es gilt somit

$$(12) \qquad \ln \frac{W}{P} = \mu + \ln \frac{Y}{L} - \beta U.$$

Arbeitsnachfragefunktion und Lohnsetzungsfunktion ergeben zusammen die natürliche Arbeitslosenquote U^*: Setzt man (12) in (11a) ein und löst nach der Arbeitslosenquote auf, so erhält man den Ausdruck:

32 Als „Lohn" wird in NiGEM der Bruttolohn zuzüglich der Arbeitgeberbeiträge zur Sozialversicherung, also das Arbeitnehmerentgelt, aufgefasst.

(13) $$U^* = \frac{1}{\beta}\left[\frac{\sigma-1}{\sigma}\left(\frac{Y}{L}-\lambda t\right)-\frac{\alpha}{\sigma}+\mu\right].$$

Für den Spezialfall, dass $\sigma = 1$, bestimmen allein die konstanten Parameter der Arbeitsnachfrage- und der Lohnsetzungsfunktion die natürliche Arbeitslosenquote. Im allgemeinen Fall $\sigma \neq 1$ spielen darüber hinaus auch die Arbeitsproduktivität, die Rate des technischen Fortschritts und die Substitutionselastizität eine Rolle.

Die Preise

Das Konsumentenpreisniveau wird im NiGEM-Modell bestimmt von den Importpreisen, den Produktionskosten und einem Gewinnaufschlag, der von der Höhe der Kapazitätsauslastung abhängt. Die Produktionskosten sind eine Funktion der Lohnkosten je Beschäftigten und der Kapitalnutzungskosten. Letztere berechnen sich aus dem um Besteuerungseffekte bereinigten langfristigen Realzins.

Geldpolitische Regeln

Im Rahmen der Geldpolitik werden die Zinsen festgelegt. Zinsänderungen wirken im NiGEM-Modell – wie in dem oben vorgestellten theoretischen Modell – sowohl über den direkten Realkasseneffekt auf die gesamtwirtschaftliche Nachfrage als auch über den Wechselkurs: Eine Zinssenkung hat eine temporäre reale Abwertung der heimischen Währung zur Folge und verbessert damit die preisliche Wettbewerbsfähigkeit der inländischen Hersteller gegenüber ausländischen Konkurrenten.

Das Modell erlaubt die Simulation einer Reihe von Regeln für die EZB. Die Regeln geben an, welche Zielgröße die Notenbank mittels ihrer Zinspolitik steuert, um eine langfristige Stabilisierung des Preisniveaus oder der Inflationsrate zu erreichen. Sie beschreiben ferner, wie stark die EZB die Zinsen verändert, wenn sich die Zielgröße in einem bestimmten Ausmaß von ihrem Zielpfad entfernt. Typische Zielgrößen sind die Geldmenge, die, sieht man von Veränderungen der Umlaufgeschwindigkeit des Geldes ab, langfristig mit der gleichen Rate zunehmen sollte wie das nominale Bruttoinlandsprodukt oder die Inflationsrate. Eine typische implizite Regel für die Geldmenge wäre

(14) $$r_t = \gamma_1\left[\ln(P_tY_t)-\ln(\overline{P}_t\overline{Y}_t)\right],$$

wobei ein Strich über einer Variablen nun deren Zielwert kennzeichnen soll. Der Regel zufolge wird der Zinssatz verändert, wenn das nominale Sozialprodukt von seinem Zielwert abweicht. Eine an einem Inflationsziel orientierte Regel lässt sich schreiben als

$$(15) \quad r_t = \gamma_2(\Delta \ln P_t - \Delta \ln \overline{P}_t),$$

mit Δ als Indikator der Veränderungsrate zur Vorperiode.

Die EZB verfolgt mit ihrer Zwei-Säulen-Strategie eine Kombination aus einem Geldmengenziel und einem Inflationsziel. Im NiGEM-Modell ist diese Strategie durch eine Kombination von (14) und (15) implementiert, d.h.

$$(16) \quad r_t = \gamma_1[\ln(P_t Y_t) - \ln(\overline{P}_t \overline{Y}_t)] + \gamma_2(\Delta \ln P_t - \Delta \ln \overline{P}_t),$$

bzw.

$$(16a) \quad r_t = \gamma_{11}(\ln P_t - \ln \overline{P}_t) + \gamma_{12}(\ln Y_t - \ln \overline{Y}_t) + \gamma_2(\Delta \ln P_t - \Delta \ln \overline{P}_t),$$

wobei bei einem Ziel für das nominale Sozialprodukt $\gamma_{11} = \gamma_{12}$ zu gelten hat. Das Preisniveau wird dabei empirisch durch den Verbraucherpreisindex gemessen.

4.2.2 Aufbau der Simulationen zur Lohnmoderation

Ziel der Simulationen ist es abzuschätzen, welche Größenordnung die Wirkungen einer länger andauernden Politik der Lohnmoderation auf das reale Bruttoinlandsprodukt, die Beschäftigung und die Inflation in Deutschland und im Euroraum bei alternativen Graden der Koordinierung zwischen Lohnpolitik und Geldpolitik haben können, um damit Anhaltspunkte für die Auswirkungen auf das Produktionspotential zu gewinnen. Die Geldpolitik wird dabei annahmegemäß für alle Länder des Euroraums zentral von der EZB gesteuert, während die Lohnpolitik unter nationaler Verantwortung bleibt. In einer ersten Gruppe von Szenarien wird untersucht, welche Effekte von einer Politik der Lohnmoderation in Deutschland zu erwarten sind. In einer zweiten Gruppe wird untersucht, welche Wirkungen sich in Deutschland und im Euroraum ergeben, wenn auch in Frankreich und Italien ein gemäßigter lohnpolitischer Kurs verfolgt wird.

Eine Politik der Lohnmoderation wird als Veränderung des Verhaltens der Tarifparteien über einen bestimmten Zeitraum modelliert. Speziell sei darunter im Folgenden eine Politik verstanden, die dazu führt, dass der nominale Stundenlohn (nominales Arbeitnehmerentgelt pro Stunde) über einen Zeitraum von 5 Jahren um einen Prozentpunkt langsamer zunimmt, als es normalerweise der Fall wäre. Nach Abschluss des Fünfjahreszeitraums kehren die Tarifparteien zu ihrem alten lohnpolitischen Kurs zurück, so dass nach einer kurzen Anpassungszeit der Stundenlohn wieder genauso schnell zunimmt wie in der Basislösung ohne moderate Lohnpolitik. Der Simulationsaufbau unterscheidet sich damit etwas von der theoretischen Modellanalyse im vorangegangenen Kapitel, wo vereinfachend von einer Politik der permanenten Lohnzurückhaltung ausgegangen wurde, die entsprechend zu einer Erhöhung des Produktionspotentials führte. Dahinter steht folgende Überlegung: Eine moderate Tariflohnpolitik kann nur so lange zu einer verringerten Zunahme der Effektivlöhne führen, wie tatsächlich ein Angebotsüberschuss auf dem Arbeitsmarkt existiert. Sobald dieser abgebaut ist, ist mit realen Effektivlöhnen in der Nähe des markträumenden Niveaus zu rechnen. Damit wären die Möglichkeiten für eine Ausweitung des Produktionspotentials ausgeschöpft. Um diesen Umstand zu berücksichtigen, wird in den Simulationen angenommen, dass die Löhne nach 5 Jahren geringerer Zuwächse wieder mit der Rate der Basislösung steigen.

Technisch wird dies in NiGEM durch eine temporäre Absenkung eines Parameters der Lohnsetzungsfunktion implementiert. Ökonomisch bedeutet diese parametrische Implementierung, dass die Lohnsetzung weiterhin auch durch andere Größen beeinflusst werden kann. Die Zunahme der Löhne wird daher im Simulationszeitraum nur näherungsweise um einen Prozentpunkt unter der Basislösung liegen.

Durch die Politik der Lohnmoderation kommt es gegenüber dem Basisszenario zu einem niedrigeren Reallohn, der formal durch eine permanente Verringerung der Konstante μ in Gleichung (12) repräsentiert werden kann. Aus Gleichung (13) folgt dann, dass mit einer moderaten Lohnpolitik eine niedrigere natürliche Arbeitslosenquote verbunden ist. Aus (9) und (10) lässt sich ferner schließen, dass in diesem Fall das Produktionspotential zunimmt.

NIGEM lässt in der gegenwärtigen Situation keine Quantifizierung der Wirkungen von Politikmaßnahmen auf das Wachstum des Produktionspotentials zu. Die Simulationsergebnisse erlauben gleichwohl Rückschlüsse auf das Produktionspotential. So ist ein dauerhafter Anstieg der Beschäftigung gemäß (9) mit einer Erhöhung des Potentials verbunden. Auch eine dauerhafte Erhöhung des Bruttoinlandsprodukts deutet nach der Definition in Abschnitt 2.1 auf eine Potentialerhöhung hin.

4.2.3 Lohnmoderation in Deutschland ohne Koordination mit der Geldpolitik

Im Ausgangsszenario einigen sich die Tarifparteien in Deutschland auf einen gemäßigten lohnpolitischen Kurs. Es kommt nicht zu einer Koordination der Politikbereiche, weil glaubwürdige Informationen über den Kurs der Lohnpolitik fehlen; die EZB orientiert sich allein an den historischen Daten. Dabei wendet sie die geldpolitische Regel (16a) allein auf der Basis zurückliegender Informationen hinsichtlich Output und Inflation an. Im Rahmen des oben skizzierten theoretischen Modells wäre dies mit der Regel (8) vergleichbar, deren Wirkungen im Fall der Lohnmoderation in Abbildung 2 dargestellt sind. Auf der Grundlage der theoretischen Ergebnisse ist zu erwarten, dass Produktion, Beschäftigung und Produktionspotential steigen, die Produktion aufgrund der verzögerten Reaktion der Geldpolitik jedoch weniger zunimmt als das Potential und daher die Inflation unter die Zielinflationsrate sinkt.

Die Annahmen und Ergebnisse der Simulation für die Zuwachsraten der Nominal- und Reallöhne, der Konsumentenpreise, des realen Bruttoinlandsprodukts und der Beschäftigung sind in Abbildung 2 dargestellt. Oben links ist die Lohnentwicklung abgetragen. Die Zuwachsrate der Nominallöhne liegt, von zwei Übergangsperioden zu Beginn abgesehen, für 5 Jahre um etwa einen Prozentpunkt unter der Rate in der Basislösung. Real gerechnet ist die Lohnzurückhaltung geringer, da die Inflation gleichzeitig abnimmt. Bereits nach drei Jahren bleibt die Zunahme der Reallöhne nur noch einen halben Prozentpunkt hinter der Zunahme in der Basislösung zurück. Ihren Tiefstand erreicht die Inflationsrate gegen Ende der Lohnmoderationsperiode. Sie ist dann um 0,6 Prozentpunkte niedriger als in der Basislösung, in der die Lebenshaltungskosten in Deutschland im Simulationszeitraum jährlich um 1,3–2,0 Prozent pro Jahr steigen. Die Verringerung der Inflation führt also nicht zu einem Rückgang des Preisniveaus (Deflation).

Das reale Bruttoinlandsprodukt expandiert infolge der Lohnmoderationspolitik über den gesamten Simulationszeitraum rascher als ohne diese Politik. Aufgrund der detaillierteren Modellierung der verschiedenen Preisgrößen in einer Volkswirtschaft verläuft der Transmissionsmechanismus allerdings etwas anders als in der theoretischen Analyse in Abschnitt 4.1. Der primäre Impuls der Lohnmoderation auf das Bruttoinlandsprodukt wirkt in NiGEM zu Beginn dieser Simulation ausschließlich über den Außenbeitrag: Die preisliche Wettbewerbsfähigkeit inländischer Produkte hängt direkt, d.h. ohne Umweg über die Konsumentenpreise, von der Entwicklung der Lohnstückkosten im Vergleich zum Ausland ab. Die geringere Zunahme der Löhne führt somit zu einer Verbesserung des Außenbeitrags und zu einem Anstieg des Bruttoinlandsprodukts. Die Konsumentenpreise werden sowohl von den Lohnstückkosten als auch vom Ausmaß der Kapazitätsauslastung beeinflusst. Durch den Anstieg des Bruttoinlandsprodukts nimmt die Kapazitätsauslastung zu Beginn der Simulation zu, während sich der geringere Anstieg der Lohnstückkosten erst mit etwas Verzögerung in den Konsumentenpreisen niederschlägt. Die Folge ist, dass die Inflationsrate zu Beginn der Simulation sogar leicht gegenüber dem Basisszenario steigt.

Abbildung 2:
Löhne, Preise, Bruttoinlandsprodukt und Beschäftigung in Deutschland bei Lohnmoderation in Deutschland ohne Koordination mit der Geldpolitik der EZB[a]

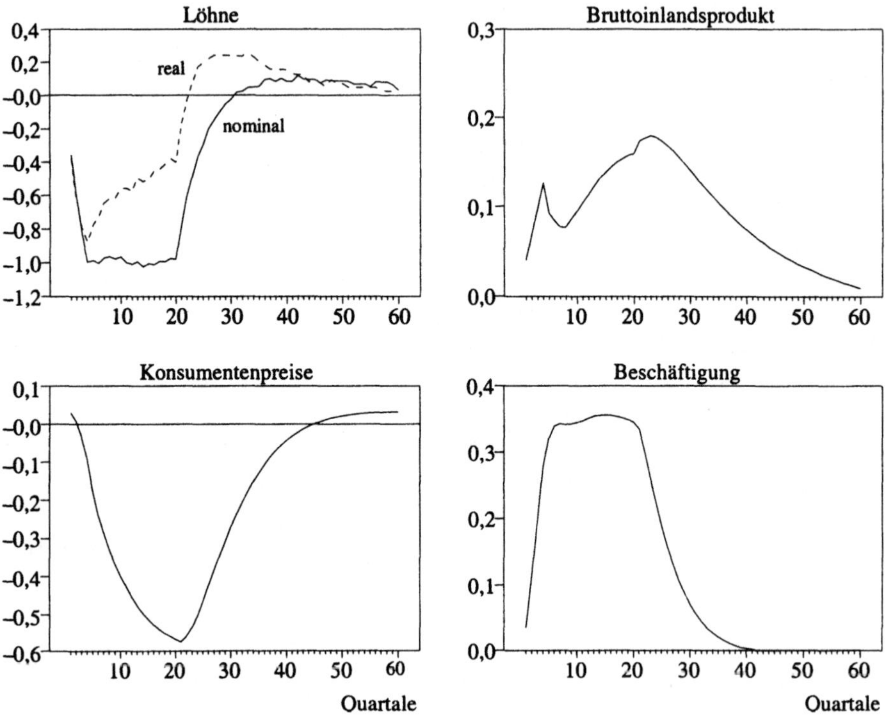

[a]Quartalsweise Abweichungen der Zuwachsraten gegenüber dem Vorjahr vom Basisszenario in Prozentpunkten.

Im Maximum, das allerdings erst 6 Jahre nach Beginn der Politik erreicht wird, erhöht sich die Zuwachsrate des Bruttoinlandsprodukts gegenüber dem Vorjahr um knapp 0,2 Prozentpunkte. Auffällig ist die zunächst ausgeprägte Beschleunigung des Zuwachses zu Beginn der Simulation, die dann jedoch nach etwa einem Jahr abgebremst wird. Hierfür spielt das unterstellte Reaktionsmuster der Geldpolitik eine wichtige Rolle: Unter den getroffenen Annahmen kommt es zu Beginn des Simulationszeitraums trotz rückläufiger Löhne und Preise zu einer leichten Zinserhöhung der EZB, die den Anstieg der gesamtwirtschaftlichen Produktion dämpft.

Während die Effekte des gemäßigten lohnpolitischen Kurses auf das Bruttoinlandsprodukt eher moderat ausfallen, profitiert die Beschäftigung deutlich von dieser Politik. Der Beschäftigungsaufbau beschleunigt sich aufgrund des Zurückbleibens des Reallohnanstiegs hinter der Basislösung sofort nach Beginn der Politik auf reichlich 0,3 Prozentpunkte gegenüber der Basislösung. Er hält diesen Wert dann bei wieder steigendem Reallohn bis zum Ende der Lohnmoderationsperiode. Danach kehren die Zuwächse auf das Niveau der Basislösung zurück. Sie sinken jedoch nicht darunter, d.h., die realisierten Beschäftigungsgewinne bleiben erhalten. Wie Abbildung 3 anhand der absoluten Zahlen verdeutlicht, werden durch die Lohnmoderation dauerhaft etwa 750 000 Arbeitsplätze geschaffen. Allerdings dauert es 7 Jahre, bis das volle Ausmaß der Beschäftigungsgewinne erreicht wird.

Abbildung 3:
Beschäftigung in Deutschland bei Lohnmoderation in Deutschland ohne Koordination mit der Geldpolitik der EZB[a]

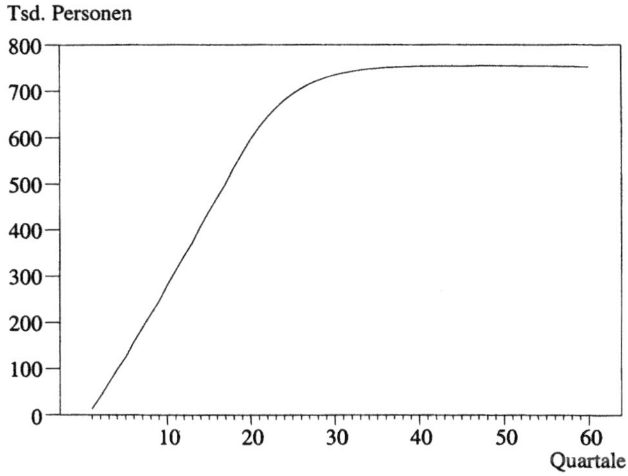

[a]Quartalsweise Abweichungen vom Basisszenario in Tsd. Personen.

Die Reaktion der Geldpolitik der EZB auf die Politik der Lohnmoderation in Deutschland lässt sich an der Entwicklung des Geldmarktzinses in Abbildung 4 ablesen. Da die Geldpolitik nicht mit der Lohnpolitik koordiniert ist, berücksichtigt sie nur die laufende Inflationsrate, nicht jedoch die zukünftige Inflationsentwicklung. Überdies orientiert sich die EZB nicht an der Inflationsrate für Deutschland, sondern an der für den Euroraum. Wie Abbildung 5 (linke Seite) zeigt, steigt die Inflationsrate im Euroraum ähnlich wie die in Deutschland zu Beginn der Simulationen zunächst an. Maßgeblich für den primären Anstieg der Inflation im Euroraum ist zum einen die Zunahme der Inflation in Deutschland, zum anderen die positiven Transmissionseffekte des Anstiegs des Bruttoinlandsprodukts in Deutschland auf das Bruttoinlandsprodukt der Handelspartner im Euroraum (Abbildung 5, rechte Seite). Da die Inflation in den übrigen Ländern des Euroraums nicht durch eine gemäßigte Lohnpolitik gedämpft wird, verharrt sie noch etwas länger auf dem höheren Niveau als in Deutschland. Die EZB reagiert auf die leichte Zunahme der Inflation im Euroraum mit einer geringfügigen Zinserhöhung, die ihrerseits die Zunahme des Bruttoinlandsprodukts in Deutschland und im Euroraum in den Folgeperioden etwas dämpft. Mit dem Rückgang der Inflationsrate im Euroraum nimmt die EZB die Zinsen in den folgenden Jahren kontinuierlich leicht zurück, bis die Inflation nach dem Ende der Lohnmoderation wieder zu steigen beginnt. Insgesamt sinken die Zinsen mit nicht einmal einem Viertel Prozentpunkt allerdings nur wenig unter das Niveau in der Basislösung.

Abbildung 4:
Geldmarktzinsen im Euroraum bei Lohnmoderation in Deutschland ohne Koordination mit der Geldpolitik der EZB[a]

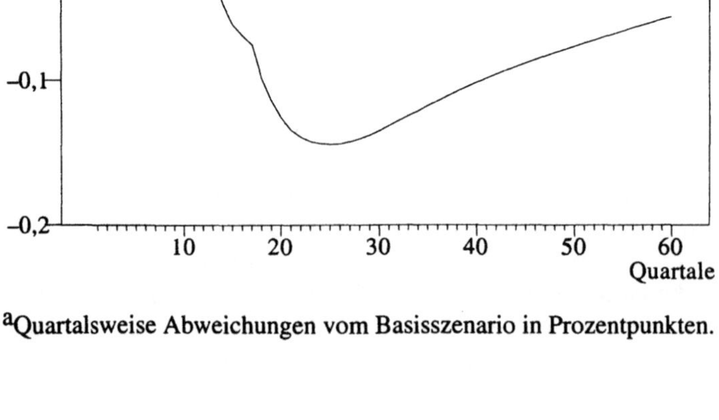

[a]Quartalsweise Abweichungen vom Basisszenario in Prozentpunkten.

Abbildung 5:
Konsumentenpreise und Bruttoinlandsprodukt in Deutschland und im Euroraum bei Lohnmoderation in Deutschland ohne Koordination mit der Geldpolitik der EZB[a]

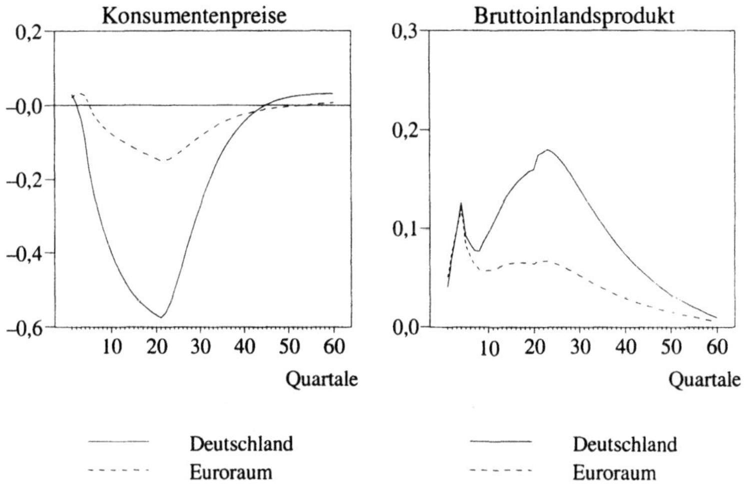

[a]Quartalsweise Abweichungen der Zuwachsraten gegenüber dem Vorjahr vom Basisszenario in Prozentpunkten.

4.2.4 Lohnmoderation in Deutschland bei Koordination mit der Geldpolitik

Im zweiten Szenario wird eine Koordination zwischen der deutschen Lohnpolitik und der Geldpolitik der EZB unterstellt. Die deutsche Lohnpolitik vermag der EZB nun glaubwürdig zu signalisieren, dass sie auf einen moderaten Kurs eingeschwenkt ist. Daraufhin geht die EZB davon aus, dass es bei einer passiven Politik ihrerseits zu den in der ersten Simulation beschriebenen Effekten käme. Um die erwartete Unterschreitung ihres Inflationsziels zu vermeiden, erhöht die EZB ihren Zielwert für das nominale Bruttoinlandsprodukt um die erwartete Zunahme des realen Bruttoinlandsprodukts im Euroraum. Im Rahmen der Zwei-Säulen-Strategie der EZB käme dies einer Erhöhung des Referenzwerts für das Wachstum der Geldmenge M3 gleich.

Abbildung 6:
Geldmarktzinsen im Euroraum bei Lohnmoderation in Deutschland und Koordination mit der Geldpolitik der EZB[a]

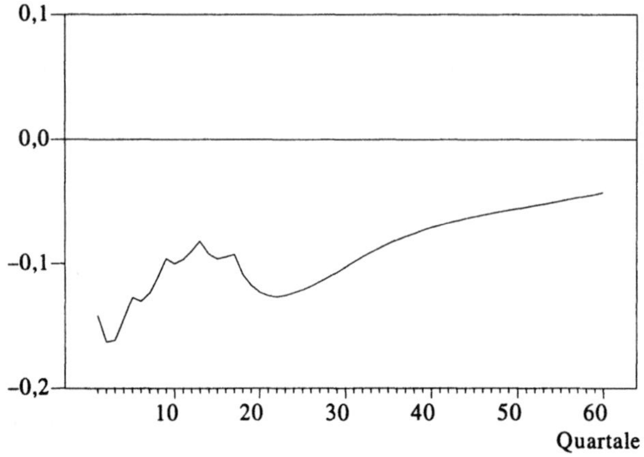

[a]Quartalsweise Abweichungen vom Basisszenario in Prozentpunkten.

Die Implikationen der auf diese Weise mit der Lohnpolitik koordinierten Geldpolitik für das Zinsniveau im Euroraum zeigt Abbildung 6. Der Zins liegt nun während der gesamten Simulation unterhalb des Niveaus in der Basislösung. Anders als im Fall der nicht mit der Lohnpolitik koordinierten Geldpolitik, in dem die EZB zunächst den tatsächlichen Rückgang der Inflationsrate im Euroraum abwarten musste, bevor sie die Zinsen senken konnte, gehen nunmehr von der Geldpolitik sofort anregende Wirkungen auf die gesamtwirtschaftliche Nachfrage aus. Auch der zeitweilige Anstieg der Inflationsrate im Euroraum zu Beginn des Simulationszeitraums (Abbildung 7) hält die EZB nun nicht davon ab, das Zinsniveau zu verringern. Im Vergleich zum Fall ohne Koordination liegen die Zinsen in den ersten Jahren der Simulation nun einen Viertel Prozentpunkt niedriger. Im Vergleich zur Basislösung fällt die Zinssenkung gleichwohl recht moderat aus. Sie reicht aber aus, um die Inflationsrate im Euroraum weitgehend in der Nähe der Basislösung und damit in der Nähe ihres Zielwertes zu halten.

Die Entwicklung der Zuwachsraten der übrigen Größen in Deutschland im Vergleich zur Basislösung ist in Abbildung 8 dargestellt. Die Zunahme der Löhne sinkt in dieser Simulation nicht voll bis auf das angestrebte Niveau von einem Prozentpunkt unter der Basislösung ab, da die stärkere Expansion des Bruttoinlandsprodukts positiv auf den Lohnanstieg wirkt. Ebenso ist das Zurückbleiben der Reallöhne hinter der Basislösung in diesem Szenario zunächst geringer als im vorangegangenen ohne Koordination der Politikbereiche. Später bleiben sie allerdings sogar etwas weiter hinter der Basislösung zurück als im vorangegangenen Szenario, weil die Abnahme der Inflation bei Koordination der Politikbereiche geringer ausfällt.

Abbildung 7:
Konsumentenpreise und Bruttoinlandsprodukt in Deutschland und im Euroraum bei Lohnmoderation in Deutschland und Koordination mit der Geldpolitik der EZB[a]

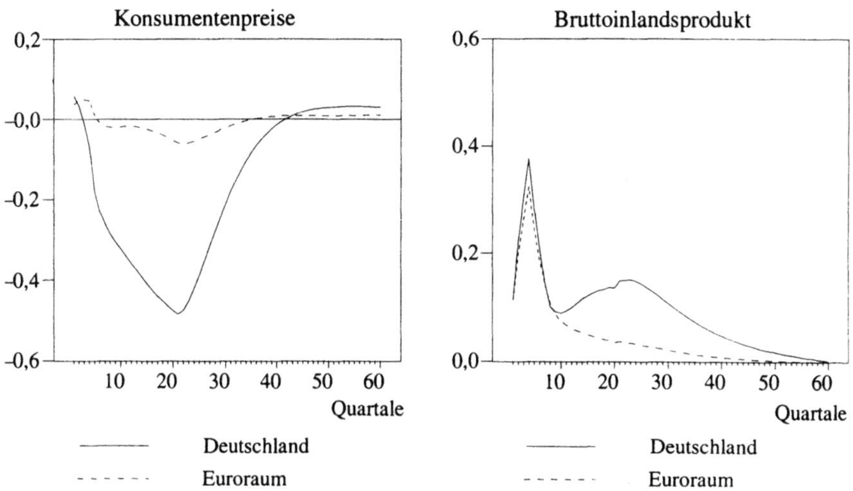

[a]Quartalsweise Abweichungen der Zuwachsraten gegenüber dem Vorjahr vom Basisszenario in Prozentpunkten.

Die Entwicklung der Zuwachsraten der übrigen Größen in Deutschland im Vergleich zur Basislösung ist in Abbildung 8 dargestellt. Die Zunahme der Löhne sinkt in dieser Simulation nicht voll bis auf das angestrebte Niveau von einem Prozentpunkt unter der Basislösung ab, da die stärkere Expansion des Bruttoinlandsprodukts positiv auf den Lohnanstieg wirkt. Ebenso ist das Zurückbleiben der Reallöhne hinter der Basislösung in diesem Szenario zunächst geringer als im vorangegangenen ohne Koordination der Politikbereiche. Später bleiben sie allerdings sogar etwas weiter hinter der Basislösung zurück als im vorangegangenen Szenario, weil die Abnahme der Inflation bei Koordination der Politikbereiche geringer ausfällt.

Da die Geldpolitik in den ersten beiden Jahren des Simulationszeitraums nun nicht mehr dämpfend, sondern anregend wirkt und damit die positiven Effekte der Lohnmoderation auf die internationale preisliche Wettbewerbsfähigkeit inländischer Produkte auf die gesamtwirtschaftliche Nachfrage verstärkt, steigt das reale Bruttoinlandsprodukt in dieser Zeit stärker als im Fall ohne Koordination. Im Maximum steigt es um fast einen halben Prozentpunkt schneller als in der Basislösung.

Abbildung 8:
Löhne, Preise, Bruttoinlandsprodukt und Beschäftigung in Deutschland bei Lohnmoderation in Deutschland und Koordination mit der Geldpolitik der EZB[a]

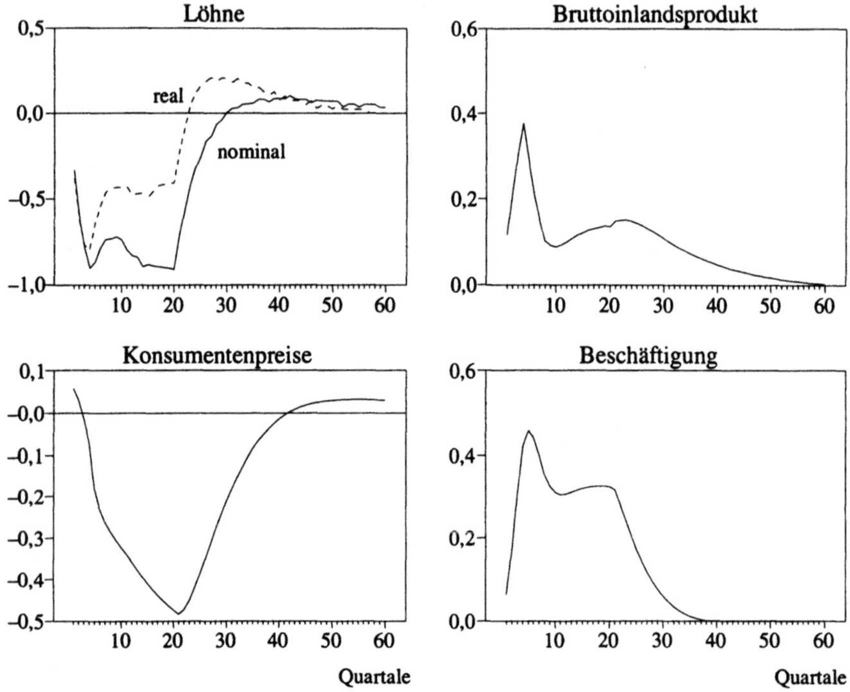

[a]Quartalsweise Abweichungen der Zuwachsraten gegenüber dem Vorjahr vom Basisszenario in Prozentpunkten.

Die Entwicklung der Beschäftigung verläuft zu Beginn des Simulationszeitraums ebenfalls dynamischer als im Fall ohne Koordination. Zwar sinken die Reallöhne nicht so stark, dies wird jedoch durch den rascheren Anstieg des Bruttoinlandsprodukts und die damit verbundene Zunahme der Arbeitsproduktivität mehr als kompensiert. Die langfristige, dauerhafte Zunahme der Beschäftigung wird allerdings durch die Annahme einer Koordination von Lohnpolitik und

Geldpolitik so gut wie nicht beeinflusst (Abbildung 9). Auch in diesem Szenario werden durch die Politik der Lohnzurückhaltung etwa 750 000 zusätzliche Arbeitsplätze geschaffen. Die Beschäftigungsgewinne treten allerdings etwas früher auf als ohne Koordination der Politikbereiche.

Abbildung 9:
Beschäftigung in Deutschland bei Lohnmoderation in Deutschland und Koordination mit der Geldpolitik der EZB[a]

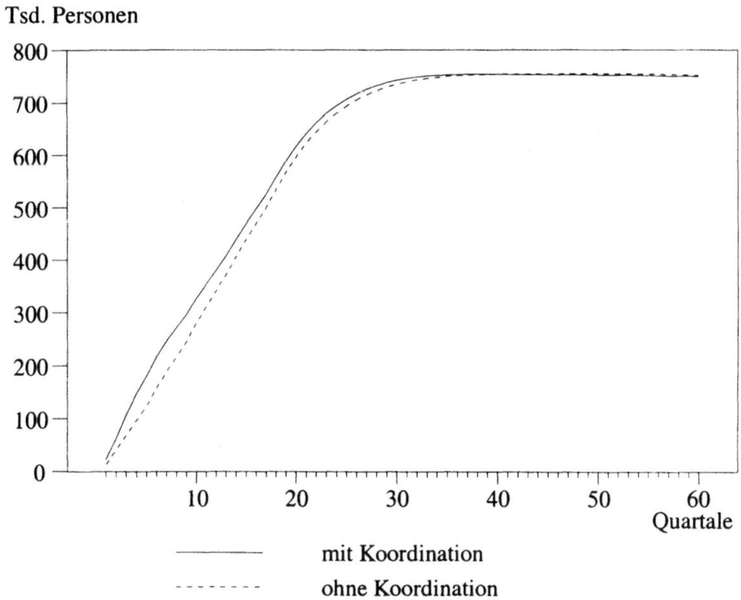

[a]Quartalsweise Abweichungen vom Basisszenario in Tsd. Personen.

Aus dem langfristigen Beschäftigungsanstieg lässt sich auch eine Aussage über die Wirkungen der Politikalternativen auf das Produktionspotential ableiten. Durch die höhere Beschäftigung wird das Produktionspotential in Deutschland erheblich ausgeweitet. Die langfristigen Wirkungen sind jedoch unabhängig davon, ob Lohnpolitik und Geldpolitik koordiniert werden. Entscheidend ist die Lohnzurückhaltung. Für die kurzfristige Ausnutzung des Potentials und den Anstieg des Bruttoinlandsprodukts ist die Frage der Koordination dagegen durchaus relevant. Insofern decken sich die Ergebnisse der quantitativen Analyse mit den Ergebnissen der modelltheoretischen Untersuchung.

4.2.5 Lohnmoderation im Euroraum bei Koordination mit der Geldpolitik

In den beiden vorangegangenen Szenarien war jeweils unterstellt worden, dass sich nur in Deutschland die Tarifparteien auf einen gemäßigteren lohnpolitischen Kurs einigen. Nun wird untersucht, welche Auswirkungen eine gemeinsam in den drei großen Ländern des Euroraums (Deutschland, Frankreich und Italien) implementierte Politik der Lohnzurückhaltung hat. Wie bisher soll die Politik über einen Zeitraum von 5 Jahren andauern. Ferner wird angenommen, dass der Kurs gegenüber der EZB glaubwürdig vertreten werden kann, d.h., Lohnpolitik und Geldpolitik werden wie im Abschnitt zuvor koordiniert. Da angesichts der in drei Ländern realisierten Lohnmoderation nun mit einem stärkeren Anstieg des Potentialwachstums im Euroraum zu rechnen ist, muss die EZB ihren Zielwert für das nominale Bruttoinlandsprodukt (bzw. den Referenzwert für das Geldmengenwachstum) mehr erhöhen als im vorangegangenen Szenario, um die Inflationsrate im Euroraum auf dem Zielpfad zu halten. Entsprechend deutlicher senkt sie die Zinsen (Abbildung 10).

Abbildung 10:
Geldmarktzinsen im Euroraum bei Lohnmoderation im Euroraum und Koordination mit der Geldpolitik der EZB[a]

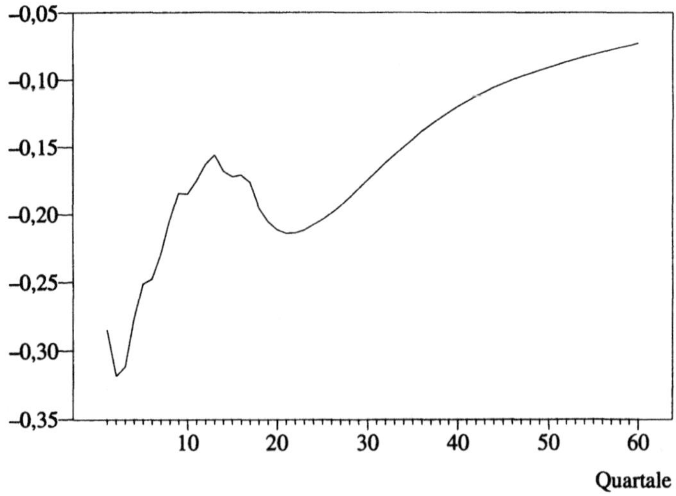

[a]Quartalsweise Abweichungen vom Basisszenario in Prozentpunkten.

Die Inflation im Euroraum entfernt sich bei dieser Geldpolitik wiederum nicht wesentlich von der Basislösung und damit vom Zielwert der EZB (Abbildung 11). In Deutschland fällt der Rückgang der Konsumentenpreise allerdings nun noch etwas stärker aus als in den beiden Szenarien zuvor. Erwartungsgemäß ist die Beschleunigung des realen Bruttoinlandsprodukts sowohl in Deutschland als auch im Euroraum unter dem Eindruck der vergleichsweise deutlichen Zinssenkung zu Beginn der Simulationsperiode höher als bei einer Lohnmoderation nur in Deutschland.

Abbildung 11:
Konsumentenpreise und Bruttoinlandsprodukt in Deutschland und im Euroraum bei Lohnmoderation im Euroraum und Koordination mit der Geldpolitik der EZB[a]

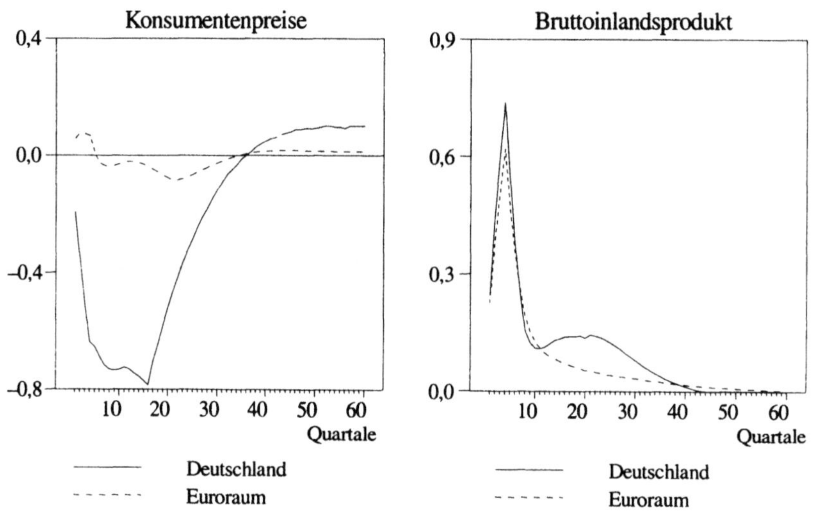

[a]Quartalsweise Abweichungen der Zuwachsraten gegenüber dem Vorjahr vom Basisszenario in Prozentpunkten.

Abbildung 12 stellt die Entwicklung des Nominallohns und des Reallohns in Deutschland in dieser Variante dar. Wie schon in der vorangegangenen Simulation bleibt die Zuwachsrate des Nominallohns nicht im vollen angestrebten Umfang von einem Prozentpunkt hinter der Rate der Basislösung zurück, da die Zunahme der Arbeitsproduktivität auf höhere Löhne hinwirkt. Die Verringerung des Reallohnanstiegs gegenüber der Basislösung fällt geringer aus als bei nationaler Lohnmoderation, da die Inflationsrate stärker zurückgeht. Über den Groß-

Abbildung 12:
Löhne in Deutschland bei Lohnmoderation im Euroraum bei Koordination mit der Geldpolitik der EZB[a]

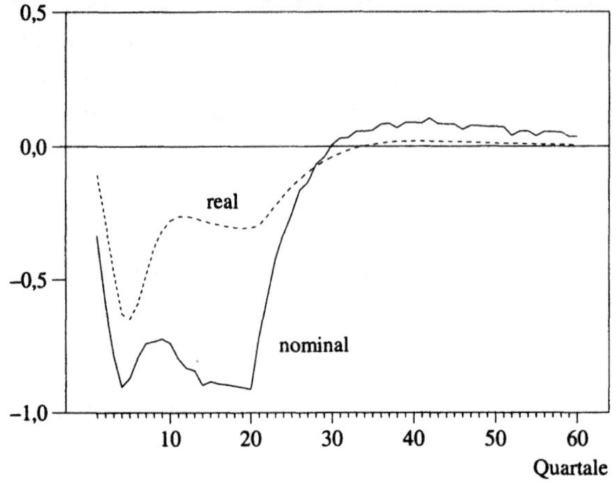

[a]Quartalsweise Abweichungen der Zuwachsraten gegenüber dem Vorjahr vom Basisszenario in Prozentpunkten.

Abbildung 13:
Beschäftigung in Deutschland bei Lohnmoderation im Euroraum mit und ohne Koordination mit der Geldpolitik der EZB[a]

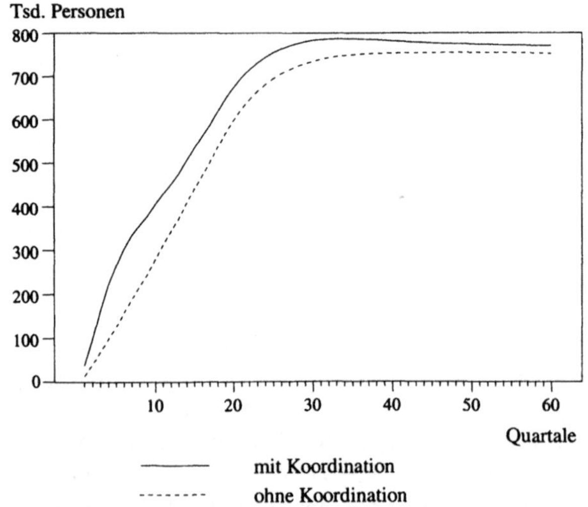

[a]Quartalsweise Abweichungen vom Basisszenario in Tsd. Personen.

teil des Lohnmoderationszeitraums müssen die Beschäftigten real gerechnet nur auf Lohnzuwächse im Bereich von 0,3–0,4 Prozentpunkten verzichten.

Gleichwohl sind die Beschäftigungsgewinne in Deutschland wiederum beträchtlich (Abbildung 13). Gegenüber der nur national implementierten Lohnzurückhaltung ergibt sich abermals vor allem zu Beginn des Simulationszeitraums eine höhere Beschäftigungsdynamik. Aber auch der langfristige, dauerhafte Gewinn von Arbeitsplätzen fällt höher aus. Er liegt mit knapp 800 000 etwas über der Marke, die sich bei nationaler Lohnmoderation ergeben würde.

4.3 Koordination von Finanzpolitik und Lohnpolitik

In den Abschnitten 4.1 und 4.2 ging es um die Effekte eines Lohnsetzungsverhaltens, das gegebenenfalls die Geldpolitik beeinflusst, das aber ohne „Gegenleistung" der Finanzpolitik zustande kommt. Im Folgenden soll dargestellt werden, wie Lohn- und Finanzpolitik im nationalen Rahmen koordiniert werden können und inwieweit auf diese Weise das Wachstum des Produktionspotentials beeinflusst werden kann. Es geht darum, dass die Finanzpolitik bei lohnpolitischem Wohlverhalten bestimmte Maßnahmen ergreift; in aller Regel wird es sich um Maßnahmen der Zentralregierung handeln.[33]

Die Finanzpolitik kann Steuersenkungen für den Fall in Aussicht stellen, dass die Tarifvertragsparteien Tariflohnanhebungen vereinbaren, die unter jenen liegen, zu denen es sonst käme. Wird so – bei Löhnen über den Gleichgewichtslöhnen – der (bei gegebener Unterbeschäftigung) vorhandene Verteilungsspielraum nicht ausgeschöpft, so steigt die Beschäftigung. Wird er weniger als sonst überschritten, so fällt der Rückgang der Beschäftigung geringer als sonst aus. Bei einer Steuersenkung könnte – je nach der konkreten Ausgestaltung – die Nettolohnentwicklung wenig oder gar nicht von der Bruttolohn-Zurückhaltung betroffen sein. Dies macht eine entsprechende Absprache für die Gewerkschaften attraktiv. Das Produktionspotential kann über die skizzierten Absprachen erhöht werden. Ob es einen dauerhaften Effekt gibt, hängt davon ab, inwieweit die Lohnzurückhaltung nachhaltig ist. Statt einer Steuersenkung könnte die Finanzpolitik den Gewerkschaften bzw. den Tarifvertragsparteien zusätzliche Staatsausgaben anbieten. Die Auswirkungen auf das Produktionspotential wären dann davon abhängig, welche Ausgaben ausgeweitet werden.

Auch könnte die Finanzpolitik für den Fall der Lohnzurückhaltung eine Umschichtung der Staatsausgaben in der Weise, dass die produktiven Ausgaben zunehmen, anbieten. So könnte eine Zunahme der öffentlichen Investitionen in

---

33 Dies zeigt die Erfahrung in vielen Ländern. Vgl. hierzu den Abschnitt 4.4.

dem Maße vereinbart werden, in dem der Staat Personalausgaben wegen der Lohnzurückhaltung im öffentlichen Dienst spart. Es bestünde dann Aussicht darauf, dass die Löhne im gewerblichen Bereich – mit Blick auf den Abschluss im öffentlichen Dienst – weniger als sonst steigen. Die Beschäftigung und das Produktionspotential nähmen zu.

Andere Absprachen sind möglich. Beispielsweise können für Schritte in Richtung auf mehr Differenzierung bei den Tariflohnvereinbarungen Maßnahmen zugunsten der Bezieher geringer Einkommen (z.B. Erhöhung des Grundfreibetrags bei der Einkommensbesteuerung) angeboten werden. Der direkte Effekt der Finanzpolitik hängt dann von der Art der Finanzierung der Steuersenkung ab. Werden konsumtive Staatsausgaben gekürzt, dann wird durch die Absprache insgesamt das Produktionspotential gestärkt.

4.4 Ausländische Erfahrungen mit makroökonomischer Koordination

Der Ruf nach Koordination der Makropolitik wird häufig damit begründet, dass eine Abstimmung der Prozesspolitiken in anderen Ländern in der Vergangenheit zu einer überlegenen gesamtwirtschaftlichen Entwicklung entscheidend beigetragen habe. Im Folgenden wird für drei Länder, die in diesem Zusammenhang besonders häufig genannt werden, die Vereinigten Staaten, die Niederlande und Irland, die Rolle der makroökonomischen Koordination untersucht. Es zeigt sich, dass insgesamt eine Koordination von makroökonomischen Politikbereichen die Wachstums- und Beschäftigungserfolge dieser Länder kaum oder nur teilweise erklären kann. Während im Fall der Vereinigten Staaten von einer eigentlichen makroökonomischen Koordination nicht gesprochen werden kann, hat in den Niederlanden und in Irland die Ausarbeitung und Durchführung einer Strategie der Lohnzurückhaltung im Konsens und in Verbindung mit Abgabensenkungen, durch die die reale Kaufkraft der Arbeitnehmer gestützt wurde, einen nennenswerten Beitrag zum wirtschaftlichen Erfolg geleistet. Wichtig war in beiden Fällen, dass gleichzeitig wesentliche Reformen auf der Angebotsseite durchgeführt wurden. Es gab aber auch jeweils nationale Sonderfaktoren, die die gesamtwirtschaftlichen Ergebnisse wesentlich geprägt haben und Schlussfolgerungen für andere Länder erschweren.

4.4.1 Vereinigte Staaten: Rekordaufschwung ohne Koordination

Die Vereinigten Staaten erlebten in den neunziger Jahren den längsten Aufschwung der Nachkriegszeit. Die lang anhaltende Expansion der Gesamtwirtschaft führte zu starken Beschäftigungszuwächsen, gleichzeitig ging sie mit einer niedrigen Inflationsrate einher (Solow 2001). Diese günstige Konstellation hat den wirtschaftspolitischen Akteuren hohes Ansehen eingebracht, wurde sie doch maßgeblich auf ein gelungenes Zusammenspiel der Makropolitik zurückgeführt (Heilemann et al. 2000).

Tatsächlich kann in den Vereinigten Staaten von einer expliziten makroökonomischen (Ex-ante-)Koordination kaum gesprochen werden. Hierzu fehlen auch die Institutionen. Eine koordinierte Lohnpolitik kann angesichts des dezentralen Lohnfindungssystems nicht erfolgen. Auch war eine explizite Abstimmung zwischen der Geld- und Finanzpolitik nicht beabsichtigt. Allerdings waren zu Beginn der neunziger Jahre sowohl Geld- wie Finanzpolitik auf eine Belebung der Konjunktur ausgerichtet; beide Politikbereiche waren zur Überwindung der Rezession in den Jahren 1991 und 1992 deutlich expansiv ausgerichtet worden. Bereits 1993 schwenkte die Clinton-Administration aber mit Verabschiedung des so genannten *Omnibus Budget Reconciliation Act* auf einen Konsolidierungskurs ein. Dieser setzte vor allem an einer strikten Begrenzung des Ausgabenzuwachses an, Steuererhöhungen wurden nur in bescheidenem Ausmaß vorgenommen. Mit dieser Konsolidierungsstrategie entsprach die Regierung weitgehend den Erwartungen der Finanzmärkte und insbesondere der Notenbank. Diese hatten die hohen Budgetdefizite, die in den achtziger und frühen neunziger Jahren verzeichnet wurden, und den damit verbundenen starken Anstieg der Staatsverschuldung kritisch gesehen (Mackenzie und Thornton 1996). Die finanzpolitische Kehrtwende wurde deshalb auch vielfach als Voraussetzung für eine expansive Geldpolitik gewertet (Heilemann et al. 2000). Gleichwohl steuerte die Notenbank ihren Kurs völlig unabhängig davon: Bereits 1994, als sich die Konjunktur deutlich gefestigt hatte, wurde die Geldpolitik wieder spürbar gestrafft und auf einen Kurs gebracht, der als neutral oder sogar konjunkturdämpfend angesehen werden konnte (Gern et al. 1995). Eine Analyse der geld- und finanzpolitischen Entscheidungen der neunziger Jahre insgesamt zeigt, dass sie nicht Ergebnis einer bewussten und programmatisch kohärenten Politikabstimmung waren. Vielmehr sind sie als diskretionäre Reaktionen auf die Ereignisse zu charakterisieren (Blinder und Yellen 2001).

Die Besonderheit der nahezu zehn Jahre währenden, allerdings im März 2001 zu Ende gegangenen Expansionsphase war, dass das kräftigste Wachstum erst nach 1995, also in der Spätphase des Aufschwungs, zu verzeichnen war. Vor allem war dabei ungewöhnlich, dass sich die Inflation nicht nennenswert beschleunigte, zeitweise sogar verringerte, obwohl die Arbeitslosigkeit zunehmend unter das Niveau rutschte, das nach herrschender Meinung mit einer stabilen Inflation vereinbar war (Solow 2001). Zu dieser Entwicklung trug eine Reihe von exogenen Faktoren wesentlich bei: So wertete der Dollar in der zweiten Hälfte der neunziger Jahre real und effektiv kräftig auf, und die Terms of Trade verbesserten sich zudem wegen des Verfalls der Preise für Rohstoffe, insbesondere für Rohöl. Des Weiteren wurde der Anstieg der Arbeitskosten dadurch gedämpft, dass Lohnnebenkosten sanken. Ferner führten Änderungen der Methoden, durch die Qualitätsänderungen im Preisindex berücksichtigt werden, dazu, dass die Inflation niedriger ausgewiesen wurde. Vor allem aber ergab sich eine für die Spätphase eines Aufschwungs ungewöhnliche Produktivitätsbeschleunigung (Gern et al. 2000: 252 ff.). Diese wurde offenbar von Arbeitnehmern und Arbeitgebern erst mit Verspätung bei der Lohnfindung berücksichtigt; die Löhne blieben hinter der Produktivitätsentwicklung zurück, was dazu führte, dass sich der Anstieg der Lohnstückkosten und in der Folge der Preisauftrieb abflachten (Ball und Moffitt 2001).[34] Mit makroökonomischer Koordination hatte all dies nichts zu tun.

4.4.2 Niederlande: Erfolgreich im Konsens

Die gesamtwirtschaftliche Entwicklung in den Niederlanden war in den achtziger und neunziger Jahren deutlich besser als in Deutschland und in der Europäischen Union insgesamt. Das reale Bruttoinlandsprodukt stieg schneller und die Inflation war geringer, vor allem aber erhöhte sich die Zahl der Beschäftigten erheblich stärker, und die Arbeitslosenquote ging sehr kräftig zurück. Welche Rolle hat eine makroökonomische Koordination bei dieser Entwicklung gespielt?

Zunächst ist festzustellen, dass die Geldpolitik für die niederländische Politik als Entscheidungsparameter effektiv nicht zur Verfügung stand. Durch die Verpflichtung, die Wechselkurse im Rahmen des EWS in engen Bandbreiten zu halten, war der Spielraum für eine eigenständige Geldpolitik gering; seit 1988 folgte die holländische Zentralbank mit ihren Zinsen weitestgehend den Vorgaben der Deutschen Bundesbank.

Eine ausdrückliche Abstimmung von Lohnpolitik und Finanzpolitik fand ebenfalls in der Regel nicht statt. Allerdings gibt es im Rahmen der „Stiftung für

---

34 Das zugrunde liegende Modell einer Phillips-Kurve, bei der die Reallöhne nicht nur vom aktuellen Produktivitätswachstum abhängen, sondern auch von einem „Anspruchslohn", der sich beispielsweise aus den Reallohnzuwächsen der vergangenen Jahre herleitet, impliziert, dass es im Falle einer Produktivitätsverlangsamung zu einer temporären Beschleunigung der Inflation kommt, da sich die Löhne erst mit Verzögerung den neuen Verhältnissen anpassen. Zu einer solchen Entwicklung war es in den Vereinigen Staaten in den siebziger Jahren tatsächlich gekommen.

die Arbeit“ (Stichting van de Arbeid) regelmäßige Konsensgespräche zwischen den Tarifparteien – Gewerkschaften und Arbeitgeberverbände – und der Regierung über die Rahmenbedingungen für Angebot und Nachfrage am Arbeitsmarkt sowie über die Ziele der Arbeitsmarktpolitik und über beschäftigungspolitische Eingriffe.

Als Grundlage des niederländischen Modells wird im Allgemeinen der so genannte Akkord von Wassenaar aus dem Jahr 1982 betrachtet. In diesem Abkommen zwischen Arbeitgeberverbänden, Gewerkschaften und Regierung wurde die Verantwortung für die Tarifpolitik in die Hände der Tarifparteien gelegt; der Einfluss der Regierung auf die Lohnsetzung wurde gegenüber früheren Zeiten des Lohndirigismus also sogar verringert. Der Lohnfindungsprozess ist zweistufig: Im Rahmen der „Stiftung für die Arbeit“ wird zwischen den Spitzenverbänden von Arbeitgebern und Arbeitnehmern ein Grundkonsens über Lohnvorgaben und andere Arbeitsbedingungen ausgehandelt, wobei Vorstellungen von Regierung und Zentralem Planbüro über die wirtschaftliche Entwicklung und den Verteilungsspielraum einfließen. Auf dieser Basis werden die konkreten Tarifverhandlungen auf Unternehmens- und Branchenebene geführt, so dass sektorale und regionale Besonderheiten berücksichtigt werden können.[35] Der Regierung verbleiben jedoch Eingriffsmöglichkeiten in die Tarifautonomie: So kann sie in Notsituationen auch nach dem neuen Lohngesetz Vorgaben machen,[36] sie kann die Allgemeinverbindlicherklärung von Tarifverträgen ablehnen oder sogar einen Tarifvertrag für nicht bindend erklären (Schrader 2000). Allein die Drohung mit diesem Mittel führt zu einer gewissen Disziplinierung der Tarifparteien.

Mit der Reform des Tarifsystems wurde im Akkord von Wassenaar eine Politik der Arbeitszeitreduzierung und eine Förderung der Teilzeitarbeit vereinbart, um die Beschäftigung zu erhöhen. Im Gegenzug akzeptierten die Gewerkschaften moderate Lohnerhöhungen, und die Regierung senkte die Unternehmenssteuern sowie die Arbeitgeberbeiträge zur Sozialversicherung. Gleichzeitig wurden die Mindestlöhne deutlich reduziert und über lange Zeit eingefroren, so dass sie relativ zu den Durchschnitts- oder den Medianlöhnen kräftig zurückgingen. Da viele Sozialleistungen an die Entwicklung der Mindestlöhne gebunden sind, ergab sich auch hier eine relative Absenkung (Barrell und Genre 1999). Unterstützt wurde die Bereitschaft der Gewerkschaften, Lohnzurückhaltung zu üben, dadurch, dass die Einkommensteuern und die Sozialabgaben sukzessive verringert wurden, was für sich genommen im Zeitraum von 1983 bis 1998 zu einer Erhöhung der Arbeitseinkommen nach Steuern um fast 15 Prozent führte (Tille und Yi 2001).

---

35 Untersuchungen europäischer Arbeitsmärkte zeigen, dass ein zu geringes Maß an Lohndifferenzierung das Beschäftigungswachstum hemmt (Siebert 1999).

36 Dies ist zuletzt 1993/94 geschehen (Krätke 2001).

Die niederländische Strategie zur Schaffung von Arbeitsplätzen war mittelfristig ausgerichtet, und die Lohnzurückhaltung wurde bis in die späten neunziger Jahre weitgehend durchgehalten. Im Ergebnis verbesserte sich die Wettbewerbsfähigkeit der niederländischen Wirtschaft im internationalen Vergleich erheblich; die Lohnstückkosten stiegen wesentlich langsamer als in den wichtigsten Partnerländern. Lohnzurückhaltung wird häufig als Hauptgrund für die beschäftigungspolitischen Erfolge angesehen, was durch quantitative Studien untermauert wird (Nickell und van Ours 2000, IMF 2001b).[37] In jüngster Zeit hat sich der Lohnanstieg allerdings erheblich beschleunigt (Euroframe 2001), was vor allem darauf zurückzuführen ist, dass die Arbeitslosigkeit inzwischen auf ein sehr niedriges Niveau gesunken ist und Arbeitskräfte zunehmend knapp wurden.

Der Anstieg der Zahl der Beschäftigten seit 1982 ist zum ganz überwiegenden Teil auf eine geringere durchschnittliche Arbeitszeit zurückzuführen; das Arbeitsvolumen ist nur mäßig gestiegen. Die starke Zunahme der Teilzeitbeschäftigung[38] ist ein besonderes Kennzeichen der Entwicklung am niederländischen Arbeitsmarkt. Der Ausbau der Teilzeitarbeit war Teil der beschäftigungspolitischen Strategie und wurde sowohl von den Sozialpartnern wie von der Regierung mitgetragen. Wichtig war, dass frühzeitig gesetzlich gewährleistet wurde, dass Teilzeitbeschäftigte in vollem Umfang an den sozialen Sicherungssystemen teilhaben. Dies erhöhte die Akzeptanz bei den Arbeitnehmern; unfreiwillig teilzeitbeschäftigt sind sie zu einem im internationalen Vergleich nur geringen Teil (OECD 1999a: 33). Die Arbeitgeber boten in wachsendem Umfang Teilzeitarbeitsplätze an, vornehmlich im expandierenden Dienstleistungssektor, wobei es sich in der Regel um neue Jobs, nicht um bestehende Vollzeitarbeitsplätze handelte, die geteilt wurden (OECD 1998b: 36).

Einschränkend muss festgestellt werden, dass die offizielle Arbeitslosenquote ein zu positives Bild der niederländischen Entwicklung zeichnet. In großem Umfang wurde der Arbeitsmarkt vor allem in den achtziger Jahren durch Beschäftigungsprogramme und Frühverrentung von älteren Arbeitnehmern und Geringqualifizierten entlastet. Insbesondere über die Erwerbsunfähigkeitsversicherung wurde die Zahl der Erwerbspersonen reduziert.[39] Seit Anfang der neunziger Jahre wurden die Zugangsvoraussetzungen allerdings erheblich gestrafft, um die

---

37 Es gibt freilich auch Stimmen, die einen direkten Zusammenhang zwischen der Lohnzurückhaltung und den beschäftigungspolitischen Erfolgen bezweifeln (Salverda 1999).

38 Die Zahl der Teilzeitbeschäftigten hat sich seit 1982 nahezu verdoppelt. Der Anteil der Teilzeitarbeitsplätze an allen Arbeitsplätzen ist von 21 Prozent im Jahr 1983 auf 36,5 Prozent im Jahr 1996 gestiegen (OECD 1997). Für 2000 wird ein Wert von 32,1 angegeben; dieser ist auf Grund eines Bruchs in der Reihe allerdings nicht direkt vergleichbar. Der entsprechende Wert für 1996 beträgt 29,4 Prozent (OECD 2001).

39 Zu den Programmen im Einzelnen siehe z.B. Schrader (2000).

Kosten der Transferprogramme zu begrenzen und einer drohenden Arbeitskräfteknappheit zu begegnen. So zielt die Arbeitsmarktpolitik seit Mitte der neunziger Jahre zunehmend darauf, Problemgruppen wieder in den Arbeitsprozess zu integrieren.

Die Analyse des niederländischen Modells zeigt, dass der Erfolg der Wirtschaftspolitik nur teilweise auf explizite wirtschaftspolitische Koordination zurückzuführen ist. Die nachhaltige Lohnzurückhaltung hat die Beschäftigungsexpansion begünstigt; sie wurde im Rahmen der Tarifautonomie der Sozialpartner durchgeführt, wenngleich sie insbesondere zu Beginn durch abgabenpolitische Zusagen der Regierung „erkauft" und im Verlauf durch steuerliche Entlastungen unterstützt wurde. Das Beispiel zeigt aber, dass eine im Konsens beschlossene Beschäftigungsstrategie erfolgreich sein kann, wenn Tarifparteien und Regierung in ihrem Zuständigkeitsbereich konsequent geeignete Maßnahmen ergreifen. Zentrale Aufgabe der Regierung ist in diesem Zusammenhang mehr die zielgerichtete Reform der institutionellen Rahmenbedingungen als eine nachfrageorientierte Fiskalpolitik. So ist es gelungen, durch den Ausbau der Teilzeitarbeit ein zusätzliches Beschäftigungspotential zu erschließen. Vor einer Übertragung dieses Ansatzes auf andere Länder ist allerdings zu bedenken, dass in den Niederlanden mit der im internationalen Vergleich zu Beginn der achtziger Jahre extrem niedrigen Frauenerwerbsquote ganz besondere Voraussetzungen vorlagen.

4.4.3 Irland: Konsolidierung und Lohnzurückhaltung im Konsens als Basis für einen beeindruckenden Wachstumserfolg

Ein weiteres Land mit einer gemessen an den makroökonomischen Indikatoren sehr positiven Bilanz ist Irland. Die irische Wirtschaft nahm nach einem drastischen Schwenk sowohl in der Geldpolitik (im Rahmen des EWS) als auch in der Fiskalpolitik hin zu einer Stabilitätsorientierung ab Mitte der achtziger Jahre einen beeindruckenden Aufschwung. Das Bruttoinlandsprodukt stieg im Zeitraum von 1986 bis 2000 jahresdurchschnittlich um 6,7 Prozent, in den letzten fünf Jahren sogar um fast 10 Prozent jährlich, während sich das Wachstum in den siebziger und frühen achtziger Jahren auf knapp 4 Prozent belaufen hatte. Die standardisierte Arbeitslosenquote ging von 16,8 Prozent im Jahr 1986 auf 4,2 Prozent im Jahr 2000 zurück. Gleichzeitig wurde die Inflationsrate, die in den siebziger und frühen achtziger Jahren regelmäßig zweistellig ausgefallen war, auf relativ niedrigem Niveau stabilisiert. Im Durchschnitt stiegen die Verbraucherpreise seit 1986 jährlich um 2,7 Prozent. Bei alledem wurde der Staatshaushalt in raschem Tempo konsolidiert. Das Haushaltsdefizit wurde von reichlich 10 Prozent in Relation zum Bruttoinlandsprodukt 1986 auf 1,7 Prozent im Jahr 1989 reduziert. Seit dem Jahr 1997 wurden in jedem Jahr Haushaltsüberschüsse erzielt; im Jahr

2000 belief sich dieser gemessen am Bruttoinlandsprodukt auf 4,7 Prozent. Die Staatsverschuldung in Relation zum Bruttoinlandsprodukt, die bis 1987 auf 112 Prozent gestiegen war, sank im Jahr 2000 unter 40 Prozent; im Jahr 2001 fiel sie auf etwa 30 Prozent (OECD 2001b).

Im Fall Irlands dürfte der Kurswechsel in der Geld- und Finanzpolitik ein maßgeblicher Faktor für die nachfolgende kräftige gesamtwirtschaftliche Expansion gewesen sein. Mit der stabilitätsorientierten Geldpolitik sowie einer glaubwürdigen finanzpolitischen Konsolidierungsstrategie verbesserten sich die wirtschaftlichen Rahmenbedingungen für den privaten Sektor erheblich. So nahm die Gesamtnachfrage trotz des ausgeprägten Rückgangs der Staatsausgaben in der zweiten Hälfte der achtziger Jahre kräftig zu.[40] Kennzeichnend für das irische Konsolidierungsprogramm war, dass vor allem die Ausgaben gesenkt wurden; in Relation zum Bruttoinlandsprodukt gingen sie innerhalb von drei Jahren von 50,2 Prozent (1986) auf 38,6 Prozent (1989) zurück. Während die Jahre von 1987 bis 1994 als eine Phase der Stabilisierung angesehen werden können, die durch eine im historischen Vergleich zwar durchaus kräftige wirtschaftliche Expansion,[41] aber eine nur allmähliche Verringerung der Arbeitslosigkeit gekennzeichnet war, kam es in der zweiten Hälfte der neunziger Jahre zu einem überaus starken Wachstumsschub, der mit einem stürmischen Beschäftigungsanstieg (jahresdurchschnittlich 5,3 Prozent von 1995 bis 2001) und einem Rückgang der Arbeitslosenquote von 14,7 Prozent (1994) auf 4 Prozent (2001) einherging.

Die Wende in der irischen Wirtschaftspolitik trat im Jahre 1987 ein, als mit dem „Programme for National Recovery“ ein Sozialpakt geschlossen wurde.[42] In diesem wurde grundsätzlich der Ansatz einer konsensualen (kooperativen) Umsetzung der wirtschaftspolitischen Strategie festgeschrieben. Die Strategie bestand darin, durch Lohnzurückhaltung die Wettbewerbsfähigkeit der heimischen Wirtschaft zu stärken und gleichzeitig die Institutionen des Sozialstaats zu re-

40 Zu den so genannten nicht-keynesianischen Effekten fiskalischer Konsolidierungsprogramme, die aufgrund der Erwartung einer zukünftig geringeren Steuerbelastung dazu führen können, dass eine Konsolidierung des Staatshaushalts die gesamtwirtschaftliche Entwicklung per saldo auch kurzfristig nicht dämpft, sondern sogar anregt, hat sich inzwischen eine umfangreiche Literatur entwickelt. Für einen Überblick siehe Giavazzi et al. (2000), zur Entwicklung in Irland in den achtziger Jahren insbesondere Giavazzi und Pagano (1990). Es gibt Hinweise darauf, dass vor allem eine Konsolidierung über die Ausgabenseite positive Erwartungseffekte auslösen kann (Alesina und Perotti 1995, 1997). Allerdings wird auch die Ansicht vertreten, dass die dämpfenden Wirkungen der fiskalischen Konsolidierung in Irland erheblich waren und die Wirtschaft lediglich vom gleichzeitigen Aufschwung der Weltwirtschaft profitierte (Fitzgerald 2000).

41 Das reale Bruttoinlandsprodukt nahm jahresdurchschnittlich um 4,7 Prozent zu, verglichen mit 3,5 Prozent zwischen 1973 und 1986.

42 Zuvor hatte es in den Jahren 1982–1984 den Versuch einer fiskalischen Konsolidierung gegeben, der jedoch gescheitert war.

formieren (Auer 2000: 53). Der partnerschaftliche Ansatz zur Lohnfindung hat das soziale Klima und damit die wirtschaftlichen Rahmenbedingungen in Irland wesentlich verbessert. Dies hat zweifellos die wirtschaftliche Entwicklung begünstigt (Sexton und O'Connell 1997). In dem Programm wurde der Lohnanstieg in den Jahren 1988–1990 auf 2,5 Prozent begrenzt. In den Folgejahren wurden weitere mehrjährige Sozialpakte geschlossen; sie scheinen inzwischen eine dauerhafte Einrichtung der irischen Lohnpolitik zu sein.[43] Neben Lohnerhöhungen enthielten die Sozialpakte Zusagen der Regierung, das verfügbare Einkommen von Arbeitnehmern über die Senkung von Einkommensteuern und Sozialabgaben zu stärken. Die durchschnittliche Steuer- und Abgabenbelastung der Arbeitnehmer fiel in der Folge von 35 Prozent im Jahr 1987 auf 31 Prozent im Jahr 1994 und 29 Prozent im Jahr 1996. Außerdem verpflichtete sich die Regierung, die Ausgaben für die soziale Infrastruktur (Ausbildung, Gesundheitswesen, Wohnungsbau) zu erhöhen. Im Zuge der konsensualen Reformpolitik wurden des Weiteren das Niveau der Arbeitslosenunterstützung gesenkt und die Anspruchsvoraussetzungen verschärft. Im Gegenzug wurden die Programme der aktiven Arbeitsmarktpolitik ausgeweitet.

Die lang anhaltende moderate Lohnpolitik, bei der die Lohnsteigerungen unterhalb des Produktivitätsfortschritts blieben, hat zu dem kräftigen Beschäftigungswachstum in Irland beigetragen und die Investitionsneigung der Unternehmen gestärkt (Blanchard 2000). Allerdings erscheint es schwierig, den Boom in der zweiten Hälfte der neunziger Jahre vorwiegend auf die moderate Lohnpolitik und die begleitenden Arbeitsmarktreformen zurückzuführen. Ein wichtigerer Faktor scheint in dem rasanten Anstieg der ausländischen Direktinvestitionen zu liegen, zu dem es nach 1993 kam (OECD 1999b). Bereits seit Anfang der siebziger Jahre war die irische Regierung bemüht, Produktionsstätten ausländischer Unternehmen zu attrahieren. So wurden ausländischen Investoren beträchtliche Steuervorteile gewährt. Mit der Verbesserung des wirtschaftlichen Umfeldes durch die stabilitätsorientierte Wirtschaftspolitik war eine Voraussetzung für ein verstärktes Engagement ausländischer Investoren gegeben. Ende der neunziger Jahre bestanden fast die Hälfte der Arbeitsplätze im verarbeitenden Gewerbe in Produktionsstätten ausländischer Unternehmen. Diese trugen rund 30 Prozent zum Bruttoinlandsprodukt bei (OECD 1999b: 62). Attraktiv wurde Irland als Produktionsstandort für international operierende Unternehmen in den neunziger

43 Die Programme sahen Lohnerhöhungen von jährlich 3,75 Prozent für die Jahre 1991–1993 vor („Programme for Economic and Social Progress"), einen Anstieg von 2 Prozent für 1994, von 2,5 Prozent für 1995 und von 3,5 Prozent für 1996 („Programme for Competitiveness and Work") sowie einen Lohnzuwachs von insgesamt 7,25 Prozent im Zeitraum 1997–1999 („Partnership 2000"). Im derzeit gültigen Abkommen („Programme for Prosperity and Fairness") wurden für die Jahre 2000–2003 Lohnerhöhungen von insgesamt 15,5 Prozent vereinbart (Tille und Yi 2001: Note 7).

Jahren auch dadurch, dass in großem Umfang gut ausgebildete Arbeitskräfte in den Arbeitsmarkt eintraten. Dies war zum Teil das Resultat von Rückwanderung, vor allem aber das langfristige Ergebnis der Einführung kostenfreier allgemeiner höherer Schulbildung. Die Jahrgänge, die in den neunziger Jahren in das Erwerbsleben eintraten, waren im Durchschnitt wesentlich besser ausgebildet als die Arbeitsmarktneulinge in den siebziger und achtziger Jahren (IMF 1999c). Schließlich sei daran erinnert, dass eine Besonderheit Irlands darin besteht, dass dem Land in erheblichem Umfang Mittel aus den EU-Strukturfonds zuflossen.[44]

---

[44] Die Finanzhilfen lagen seit 1985 in einer Größenordnung von 2–3,5 Prozent des Bruttosozialprodukts jährlich (O'Connell 1999).

5 Zur makroökonomischen Koordinierung auf europäischer Ebene

In dem EU-Regelwerk wird vielfach die Notwendigkeit zur Koordinierung der einzelnen Bereiche der Wirtschaftspolitik betont. In diesem Kapitel geht es zunächst darum zu analysieren, inwieweit sich durch die Errichtung der Europäischen Währungsunion die Bedeutung der üblicherweise vorgebrachten Argumente für oder gegen eine Koordination geändert hat. Anschließend soll geprüft werden, wie konkret die einschlägigen Beschlüsse, die von den verschiedenen Institutionen auf europäischer Ebene gefasst wurden, hinsichtlich der Ausgestaltung einer möglichen Abstimmung der einzelnen Politikbereiche sind und ob damit dem Ziel eines höheren Potentialwachstums gedient werden kann. Dabei wird auch auf die Rolle der EZB im Koordinierungsprozess eingegangen, denn in der Studie geht es vor allem auch um die Abstimmung der Lohnpolitik mit der Geldpolitik.

5.1 Größerer Koordinierungsbedarf durch die Währungsunion?

In der umfangreichen wirtschaftswissenschaftlichen Literatur über die Koordination der einzelnen Bereiche der Makropolitik spielen Nebeneffekte wirtschaftspolitischer Maßnahmen eine zentrale Rolle. Sie sind letztlich ausschlaggebend dafür, dass ein abgestimmtes Verhalten eine Wohlfahrtsverbesserung mit sich bringt.[45] Beispielsweise kann sich ein Land (kurzfristig) einen Wettbewerbsvorteil verschaffen, wenn es eine expansive Geldpolitik betreibt; da diese Politik – wie in Standardmodellen unterstellt – mit einer realen Abwertung der heimischen Währung einhergeht, entstehen allerdings negative Effekte für das Ausland. Solche negativen externen Effekte können durch eine Absprache zwischen den Regierungen bzw. Notenbanken vermieden werden. In der Regel wird dieses Problem in der Literatur im Rahmen spieltheoretischer Ansätze behandelt, bei denen unterstellt wird, dass sich die Wirtschaftspolitiker strategisch verhalten. Unter der Koordination der Makropolitik werden dann immer solche Absprachen

45 Für eine Übersicht vgl. Scheide und Sinn (1987).

verstanden, die dazu dienen sollen, Zielkonflikte zu vermeiden, die sich beispielsweise durch negative externe Effekte ergeben. Allerdings beruht diese Analyse zumeist auf einem keynesianischen Modellrahmen (Scheide und Sinn 1987). Bei einer neoklassischen Interpretation der Wirtschaftspolitik entstehen solche Zielkonflikte nicht oder sind sehr viel geringer ausgeprägt.

In der EWU gibt es neue Rahmenbedingungen und neue Spielregeln für die Makropolitik. Sie betreffen die Zentralisierung der Geldpolitik. Durch die einheitliche Geldpolitik entstehen für die meisten Länder Vorteile hinsichtlich der Stabilität von Preisniveau und Einkommen. Sie beruhen darauf, dass durch die einheitliche und stabilitätsorientierte Geldpolitik sowohl die Unsicherheit über die Inflation in den einzelnen Ländern verringert worden als auch das Risiko einer Abwertung ihrer Währungen gegenüber der D-Mark völlig verschwunden ist. In der Folge hat sich die Risikoprämie bei den Zinsen vermindert, mithin ist der Realzins heute – in vielen Ländern sogar erheblich – niedriger als in der Zeit vor Beginn der EWU. Dies ist ein Vorteil für diese Länder und auch für den Euroraum insgesamt.[46]

Im Euroraum sind neue makroökonomische Größen zu berücksichtigen, die vorher nicht als wirtschaftspolitische Zielgrößen definiert waren bzw. bei der nationalen Wirtschaftspolitik keine Rolle spielten.[47] Zu nennen ist vor allem das Preisniveau im Euroraum, für das nun im Rahmen der geldpolitischen Strategie der EZB ein einheitliches Ziel definiert wird. Ferner gibt es einen Wechselkurs der gemeinsamen Währung gegenüber anderen Währungen, der für die Preisniveaustabilität ebenfalls eine wichtige Rolle spielen kann. Schließlich sind eine Reihe von Größen zu nennen, die ebenfalls stabilitätspolitisch relevant sind. Dazu gehört insbesondere das reale Bruttoinlandsprodukt im Euroraum. Seine Entwicklung in Relation zum Produktionspotential, üblicherweise gemessen am Output Gap, ist ebenfalls eine Größe, welche die EZB in ihrer Politik berücksichtigt. Insofern gibt es für die nationale Wirtschaftspolitik in den einzelnen Ländern eine zusätzliche Restriktion: Durch eine Änderung beispielsweise der nationalen Finanzpolitik wird nicht nur – wie bisher auch – die Konjunktur in

---

46 Spiegelbildlich können sich allerdings für Deutschland Nachteile ergeben. So könnte beispielsweise das Ziel der Stabilisierung der Konjunktur Deutschlands nicht mehr durch die Geldpolitik verfolgt werden, da die Kompetenz nun bei der Europäischen Zentralbank liegt und für die EZB zu Recht nur gsesamteuropäische Größen eine Rolle spielen. Entsprechend ist für die Geldpolitik der EZB nicht mehr die Inflation in Deutschland relevant. Mit anderen Worten: Es gibt keine nationale Geldpolitik mehr, die anstreben könnte, in Deutschland die in der makroökonomischen Zielfunktion üblicherweise definierten „output gaps“ und „inflation gaps“ zu minimieren.

47 In der Literatur wird hier von „Klubgütern“ gesprochen (Hagen und Mundschenk 2001); das sind Güter, die von allen Mitgliedern der Währungsunion (des Klubs) geteilt werden. Beispielsweise profitieren alle Länder von der Preisniveaustabilität im Euroraum oder würden umgekehrt Nachteile erleiden bei zu hoher Inflation.

einzelnen anderen Ländern berührt, sondern je nach Größe des handelnden Landes bzw. des Impulses auch die wichtigen Aggregate auf europäischer Ebene. Damit ließe sich die Notwendigkeit einer Koordination der Makropolitik zusätzlich begründen.[48]

Beispielsweise führt eine expansive Finanzpolitik in einem Land zu einer Änderung wichtiger makroökonomischer Größen in einem anderen Land, die dort entweder als erwünscht oder aber als kontraproduktiv im Hinblick auf die eigenen wirtschaftspolitischen Ziele angesehen werden kann. Diese Übertragung erfolgt in makroökonomischen Modellen für offene Volkswirtschaften – etwa im Mundell-Fleming-Modell – in erster Linie über den Handelseffekt und den Kapitalmarkteffekt. Die Intensität dieser Übertragungskanäle kann sich durch die Errichtung der Währungsunion geändert haben; in der Folge lassen sich die Argumente für eine Koordination der Wirtschaftspolitik entweder verstärken oder abschwächen.

So ergibt sich bezüglich der Handelsströme vermutlich ein größerer Übertragungseffekt als zuvor, sofern die Währungsunion zu einer Intensivierung des Handels führt, etwa weil sich die Transparenz bei den Güterpreisen erhöht und so die Handelsintensität über einen verstärkten Wettbewerb zunehmen kann (De Grauwe und Polan 2001). Allerdings dürfte dieser Effekt gering sein, denn durch die Errichtung des Europäischen Binnenmarktes waren die Handelsschranken ohnehin schon weitgehend beseitigt worden. Der Effekt einer finanzpolitischen Änderung auf das Zinsniveau in einem anderen Land wird im Zuge der Integration der Finanzmärkte in der Währungsunion ebenfalls verstärkt; wenn die Märkte weniger segmentiert sind, erhöhen sich die zinstreibenden Effekte einer expansiven Finanzpolitik für das Ausland. Beide Effekte (Handels- und Zinseffekte) wirken jedoch in unterschiedliche Richtungen, so dass sich a priori nicht eindeutig sagen lässt, ob die Argumente für eine Koordination der Wirtschaftspolitik in der Währungsunion verstärkt werden.

Für die Übertragungseffekte spielt möglicherweise auch die Lohnpolitik eine Rolle. So kann die Entwicklung der Löhne in einem Land die relative Wettbewerbsposition der anderen Länder beeinflussen, und sie hat z.B. über eine Veränderung komparativer Kostenvorteile möglicherweise eine Wirkung auf makroökonomische Größen in einem anderen Land. Soweit sich die Löhne in den einzelnen Ländern nach den Marktgegebenheiten richten, lässt sich jedoch kein Koordinierungsbedarf ableiten. Denn es resultieren hieraus keine Externalitäten, die durch staatliche Eingriffe zu korrigieren wären.

---

48 Die Abmahnung Irlands durch den Rat der europäischen Finanzminister ist vor diesem Hintergrund zu sehen, was allerdings auch kritisch beurteilt werden kann (Kamps und Scheide 2001).

Jedoch sind die Lohnfindungsprozesse innerhalb der Europäischen Währungsunion sehr unterschiedlich, die Spannbreite reicht von moderat dezentralen Regelungen etwa in Frankreich zu zentralen Prozessen etwa in Finnland. Vielfach wird argumentiert, es könne die Intention der Wirtschaftspolitik sein, die Löhne als strategisches Instrument zu benutzen, um die internationale Wettbewerbsfähigkeit des Landes zu erhöhen. Gelänge dies, so wären damit Nachteile für andere Länder verbunden. Im Extremfall wird hier von einer „beggar-thy-neighbor policy" gesprochen. Wenn andere Länder diese Verschlechterung der Wettbewerbsposition nicht hinnehmen wollen, könnten sie ihrerseits versuchen, die Löhne im Vergleich zu denen im Ausland zu senken. Das Endergebnis wäre ein „race to the bottom". Letztlich wären die Löhne überall niedriger, ohne dass die Strategie der einzelnen Länder, die Wettbewerbsfähigkeit zu erhöhen, aufgegangen wäre. Es wäre also in dem Fall besser gewesen – so die Befürworter dieser These –, man hätte die Lohnpolitik der einzelnen Länder von vornherein koordiniert, um das „schlechte Ergebnis" (die suboptimale Lösung) zu vermeiden.

Das andere Argument für eine Koordinierung der Lohnpolitik beruht auf der Übertragung von negativen Nachfrageimpulsen auf das Ausland: Eine Lohnzurückhaltung würde, so diese Meinung, kurzfristig zu einer Verringerung der nominalen gesamtwirtschaftlichen Nachfrage führen, wenn die Beschäftigung auf die Lohnänderung nicht elastisch reagiert und wenn gleichzeitig die Investitionen der Unternehmen trotz der Verbesserung der Ertragserwartungen nicht genügend angeregt werden. Über die im Vergleich zum Basisszenario niedrigere Binnennachfrage nähmen auch die Importe langsamer zu, so dass dieser Impuls die gesamtwirtschaftliche Nachfrage im Ausland dämpft. Auch nach dieser Argumentation sind Spillover-Effekte entscheidend für mögliche Vorteile einer Ex-ante-Koordination der Politik.

Die beschäftigungsorientierte Lohnpolitik, wie sie etwa in den „Grundzügen der Wirtschaftspolitik" der Europäischen Kommission gefordert wird, soll dazu dienen, den Beschäftigungsgrad auf mittlere Sicht und das Potentialwachstum zu erhöhen. Der Forderung liegt auch die Diagnose zugrunde, dass die Löhne vielfach nicht den Knappheitsverhältnissen an den Arbeitsmärkten entsprechen. Insofern ist jeder Versuch, diese Ineffizienzen zu beseitigen, positiv zu bewerten, selbst wenn dies nicht ex ante koordiniert wird.[49] Bei der These des „race to the bottom" wird unterstellt, dass es zu einer Abwärtsspirale bei den Löhnen kommt, weil die Nachfrage nach Arbeitskräften angeblich extrem unelastisch sei und da-

---

49 Abgesehen davon besteht bei der erhöhten Kapitalmobilität im Euroraum die Tendenz, dass auch mehr Lohnwettbewerb entsteht. Die Möglichkeiten des Staates und der Gewerkschaften, eine bestimmte Strategie zu verfolgen, werden gemindert, weil die Unternehmen ihre Investitionen in das Ausland verlagern können. Das schwächt die Verhandlungsposition der Gewerkschaften und führt eher zu marktgerechten Löhnen (Lorz 1997: 142).

mit einen solchen Wettlauf nicht verhindern würde. Dies entspricht aber nicht dem empirischen Befund hinsichtlich der Arbeitsnachfrage (vgl. auch Abschnitt 4.2).

5.2 Zum Rahmen der wirtschaftspolitischen Koordinierung in der EU

Als das wichtigste wirtschaftspolitische Koordinierungsinstrument in der Europäischen Union werden die „Grundzüge der Wirtschaftspolitik" angesehen, die jährlich vom Europäischen Rat verabschiedet werden. Diese Grundzüge sind gedacht als übergreifende Struktur für mehrere andere Koordinationsprozesse, die es auf der europäischen Ebene gibt. Dazu gehören die Finanzpolitik im Rahmen des Stabilitäts- und Wachstumspakts, die Beschäftigungspolitik im Rahmen des Luxemburg-Prozesses, die Strukturpolitik im Rahmen des Cardiff-Prozesses und schließlich der Makroökonomische Dialog, der im Jahr 1999 auf dem Gipfel in Köln eingerichtet wurde.[50]

In den „Grundzügen der Wirtschaftspolitik" wird eine klare Zuordnung der Ziele und Mittel für die Politik in der Gemeinschaft vorgenommen, und darüber hinaus werden konkrete Maßnahmen der Wirtschaftspolitik für die einzelnen Mitgliedstaaten analysiert und gegebenenfalls Empfehlungen ausgesprochen. Akzeptiert ist die vorrangige Aufgabe der Europäischen Zentralbank, die Preisniveaustabilität zu sichern. Die Finanzpolitik wird darauf verpflichtet, den im Stabilitäts- und Wachstumspakt vorgeschriebenen Budgetausgleich zu erreichen. Der Lohnpolitik wird die Aufgabe zugewiesen, durch stabilitätskonforme Lohnabschlüsse einen hohen Beschäftigungsstand zu ermöglichen und die Rentabilität der Investitionen zu fördern. Und schließlich soll durch die Strukturpolitik die Flexibilität der Märkte, auch des Arbeitsmarkts, gefördert werden. Insofern wird im Sinne eines Assignments eine klare Trennung der Verantwortungsbereiche vorgenommen. Dabei wird die Koordinierung in erster Linie als eine gleichgerichtete Wirtschaftspolitik interpretiert und nicht, wie in der Literatur häufig betont, als eine Abstimmung der Maßnahmen zwischen den einzelnen Ländern.

So wird nicht erwähnt, dass die Mitgliedstaaten bei dem Ziel des Budgetausgleichs koordiniert vorgehen sollen, also etwa Rücksicht auf den Konsolidierungskurs in anderen Mitgliedstaaten nehmen sollen. Der Stabilitäts- und Wachstumspakt setzt Ziele für die Budgetdefizite lediglich für die Finanzpolitik in den einzelnen Ländern. Sie sind jedoch nicht aufgestellt worden, um eine ge-

---

50 Zu einer Beschreibung der verschiedenen Bereiche der Koordinierung vgl. EZB (2001b).

eignete Strategie für die Finanzpolitik in der Währungsunion insgesamt oder eine internationale Koordination zu begründen, sondern lediglich, um eine unsolide Finanzpolitik zu verhindern. Im Rahmen dieser Argumentation soll beispielsweise vermieden werden, dass einzelne Länder über zu hohe Defizite die Kapitalmarktzinsen in der EWU insgesamt in die Höhe treiben und so die Stabilität beeinträchtigen.

Ähnliches gilt für die Lohnpolitik, die in allen Ländern beschäftigungsorientiert sein soll, offenbar aber nicht zwischen den Ländern abgestimmt werden soll. In beiden Bereichen, der Finanzpolitik wie auch der Lohnpolitik, wird also nicht auf die möglichen Spillovers oder mögliche negative Nebeneffekte der politischen Maßnahmen eingegangen, die von Befürwortern einer internationalen Koordination der Wirtschaftspolitik betont werden. Vielmehr wird – und dies trifft ebenso auf den Bereich der Strukturreformen zu – lediglich die Einhaltung des Kurses ins Auge gefasst. Eine wichtige Ausnahme ist der Bereich der Steuerpolitik, bei dem für eine stärkere Koordinierung (eine Harmonisierung) der Mehrwertsteuer, der Unternehmensbesteuerung und der Besteuerung von Zinserträgen aus Ersparnissen plädiert wird (vgl. dazu Kapitel 6).

Auch wenn in den Grundzügen vielfach von einem geeigneten Policy Mix in der EU gesprochen wird, sind die Aussagen hierzu wenig konkret. Um dieses Policy Mix bestimmen zu können, müsste beispielsweise der Kurs der Finanzpolitik in der EWU insgesamt definiert werden, damit er gegebenenfalls mit der (einheitlichen) Geldpolitik oder auch mit der Lohnpolitik abgestimmt werden kann. Auch ist nicht definiert, wie die Wirtschaftspolitik in der EU auf externe Störungen, ausgelöst etwa durch einen Konjunktureinbruch in den USA, reagieren soll.[51] Lediglich für die Geldpolitik lässt sich im Rahmen der Strategie der EZB eine Reaktion ableiten, nicht aber für die Finanzpolitik in der Währungsunion insgesamt oder für eine koordinierte Finanzpolitik der Einzelstaaten. Während solche Fragen sich eher auf die Politik der Konjunkturstabilisierung beziehen, fehlt es bezüglich des Ziels, das Potentialwachstum zu fördern, ebenfalls an klaren Mechanismen, die einen koordinierten Einsatz der Politikbereiche beschreiben. Die Koordination beschränkt sich bislang im Wesentlichen auf den – zweifellos wichtigen – Bereich des Informationsaustauschs, etwa im Rahmen des Makroökonomischen Dialogs und der zahlreichen Treffen auf der Ebene der Minister und Regierungsmitarbeiter.

---

51 Gerade im Jahr 2001, in dem es einen unerwartet deutlichen Konjunkturabschwung im Euroraum gegeben hat, hätte man im Verständnis des Policy Mix eine Diskussion über die geeignete Reaktion der Makropolitik erwarten können, die es aber praktisch nicht gegeben hat. Für die Befürworter einer aktiven Konjunkturpolitik wäre eine Situation, in der eine Rezession droht, Anlass, eine geeignete Strategie der Makropolitik zu entwerfen, um der Rezession entgegenzuwirken.

Alles in allem wird bei der Formulierung des Katalogs der wirtschaftspolitischen Ziele und der entsprechenden Zuordnung der Mittel eher so vorgegangen, wie es dem neoklassischen Assignment in der Wirtschaftspolitik entspricht. Jedes der in den Grundzügen der Wirtschaftspolitik genannten Ziele soll verfolgt werden, und negative Nebenwirkungen auf andere Ziele sind offenbar nicht unterstellt bzw. es wird hierüber keine Aussage getroffen. So wird der Kurs der Finanzpolitik nicht davon abhängig gemacht, wie die Geldpolitik und die Lohnpolitik handeln oder mit welchem Tempo die Strukturreformen verfolgt werden. Man kann die Grundzüge der Wirtschaftspolitik deshalb so interpretieren, dass man sich von allen Maßnahmen – auch wenn sie allein ergriffen werden – positive Effekte auf das Potentialwachstum verspricht, wobei allerdings „Synergieeffekte" zwischen den einzelnen Bereichen gesehen werden. Insofern trägt jeder Politikbereich durch die Verfolgung der zugewiesenen Ziele zu mehr Wachstum und Beschäftigung bei.

Wenn daher von einer Koordinierung im herkömmlichen Sinne nicht gesprochen werden kann, ist dennoch zu überprüfen, ob sie nicht hilfreich sein könnte und ob gegebenenfalls das EU-Regelwerk für die Wirtschaftspolitik geändert oder ergänzt werden sollte. So spielt in dieser Studie die Koordinierung der Lohnpolitik mit der Geldpolitik eine entscheidende Rolle für die Frage, ob das Potentialwachstum durch eine abgestimmte Strategie gefördert werden kann (vgl. Abschnitt 4.2). Vor diesem Hintergrund ist zu untersuchen, welche Rolle die Europäische Zentralbank in der abgestimmten Makropolitik spielen könnte.

Der Status und die Ziele der EZB sind im EG-Vertrag festgelegt.[52] Die Unabhängigkeit der Notenbank ist ausführlich definiert. Danach „darf weder die EZB noch eine nationale Zentralbank noch ein Mitglied ihrer Beschlussorgane Weisungen von Organen oder Einrichtungen der Gemeinschaft, Regierungen der Mitgliedstaaten oder anderer Stellen einholen oder entgegennehmen" (zitiert nach EZB 2000b: 53). Damit sind die angesprochenen Stellen verpflichtet, nicht zu versuchen, die EZB bei der Wahrnehmung ihrer Aufgaben zu beeinflussen. Nach Auffassung der EZB werden damit „klare Grenzen vorgegeben, was die Zusammenarbeit zwischen Gemeinschaftsorganen und -einrichtungen einerseits und der EZB andererseits betrifft" (EZB 2000b: 54). Die EZB legt dies im Hinblick auf die Zusammenarbeit im Bereich der Wirtschaftspolitik so aus, „dass die Beziehungen der EZB zu anderen wirtschaftspolitischen Entscheidungsträgern nicht über einen *unverbindlichen Dialog* (Hervorhebung durch die Autoren) hinausgehen können" (EZB 2000b: 54). Darin sieht sich die EZB durch den Europäischen Rat bestätigt. Folglich schließt sie eine Ex-ante-Abstimmung der Geldpolitik mit anderen Politikbereichen ausdrücklich aus.

---

52 Artikel 105 des EG-Vertrags definiert die Ziele und Aufgaben der EZB, Artikel 108 definiert die Unabhängigkeit.

Die Unabhängigkeit der EZB ist – ebenso wie deren Zielsetzung – allgemein anerkannt. Sie wird auch von denjenigen Ökonomen und Politikern nicht in Frage gestellt, die für eine Koordination der Wirtschaftspolitik plädieren. Zwar schließt die Unabhängigkeit aus, dass die EZB Weisungen entgegennimmt. Gleichwohl kann eine Notenbank sich, sofern sie es für sinnvoll hält, durchaus an einer Koordination der Makropolitik beteiligen, wenn sichergestellt ist, dass sie ihren primären Auftrag, nämlich die Wahrung der Preisniveaustabilität, weiterhin ohne Abstriche verfolgen kann. Die Unabhängigkeit selbst macht es erst möglich, eine Koordination überhaupt in Betracht zu ziehen. Denn wäre die Notenbank von den Gemeinschaftsorganen oder von Regierungen abhängig, würde das bedeuten, dass sie Weisungen entgegennehmen muss und gegebenenfalls eingegangene Verpflichtungen nicht einhalten kann. Letztlich kommen also nur unabhängige Institutionen für eine Ex-ante-Koordinierung der Wirtschaftspolitik in Frage (Buiter 2001).

Die EZB ist an den Diskussionen auf der EU-Ebene regelmäßig beteiligt. So ist der Rat der Wirtschafts- und Finanzminister ein wichtiger Gesprächspartner der EZB. Darüber hinaus nimmt die EZB am Makroökonomischen Dialog teil. Insofern ist sie an dem Informationsaustausch über die Wirtschaftspolitik in der Europäischen Union und in den Mitgliedstaaten beteiligt. Der Sinn dieses Dialogs wird allerdings nicht darin gesehen, verbindliche Absprachen zu treffen. Wohl aber kann erwartet werden, dass die EZB Signale etwa der Sozialpartner zur Kenntnis nimmt und bei ihrer Politik berücksichtigt. Sollte es etwa eindeutige Hinweise auf eine Politik der Lohnzurückhaltung in der Zukunft geben, würde bzw. müsste die EZB dies ihrer Strategie entsprechend berücksichtigen. Denn dic Lohnzurückhaltung würde zu einer günstigeren Einschätzung der Perspektiven für die Preisentwicklung und auch für das Potentialwachstum führen und die geldpolitischen Maßnahmen entsprechend beeinflussen. Dass es allerdings nicht zu einer Ex-ante-Bindung kommt, kann verschiedene Gründe haben. So ist fraglich, wie weitreichend und verbindlich die Ankündigungen der Sozialpartner tatsächlich sein können. Ferner wird die EZB eine strikte Bindung ablehnen mit dem Hinweis, dass von anderer Seite Gefahren für die Preisniveaustabilität ausgehen können, die ein Handeln erfordern, das einer möglicherweise gemachten Zusage an die Tarifparteien entgegenstehen könnte.

5.3 Institutionelle Rahmenbedingungen der Lohnpolitik und das Problem der supranationalen Geldpolitik

Um die Durchführbarkeit einer makroökonomischen Ex-ante-Koordination auf europäischer Ebene zu prüfen, soll untersucht werden, inwieweit die bestehenden

Lohnverhandlungssysteme eine gemeinsame Lohnpolitik zulassen. Zu diesem Zweck werden die Lohnverhandlungssysteme in den Ländern der EU skizziert. Anschließend wird die Frage behandelt, ob in einer erweiterten Betrachtungsweise eine Harmonisierung der Lohnverhandlungssysteme mit dem Ziel einer gemeinsamen Lohnpolitik zu empfehlen ist.

5.3.1 Lohnverhandlungsebenen

In allen Ländern der EU finden auf mehreren Ebenen Lohnverhandlungen statt. Dabei ist eine sektorale und eine unternehmensspezifische Komponente in jedem Land anzutreffen (Tabelle 2). In fünf Ländern gibt es außerdem Lohnverhandlungen auf zentraler Ebene, die entweder die Gesamtwirtschaft (in Finnland und in Irland), den privaten Sektor (in Belgien und in Griechenland) oder die Industrie (in Dänemark) umfassen (EIRO 2000).

Die Länder unterscheiden sich ganz erheblich darin, welche Bedeutung die einzelnen Ebenen im Rahmen der nationalen Lohnverhandlungsprozesse haben. Die zentrale Ebene ist in Belgien und in Irland entscheidend, während sie in Finnland nicht in jeder Lohnrunde maßgeblich ist und in Dänemark sowie Griechenland eine nachrangige Bedeutung hat. Die Unternehmensebene dominiert das Verhandlungsergebnis in Frankreich und im Vereinigten Königreich. In den übrigen Ländern ist zumeist die sektorale Ebene vorherrschend. Eine dominante Lohnverhandlungsebene lässt sich für Finnland, Dänemark und Luxemburg nicht feststellen.

Während eine sektorale Lohnverhandlungsebene in allen Ländern anzutreffen ist, so ist ihre Bedeutung im Rahmen der nationalen Lohnverhandlungssysteme unterschiedlich. In Irland und im Vereinigten Königreich sind sektorale Lohnverhandlungen auf wenige Branchen beschränkt. In anderen Ländern, so in Frankreich, in den Niederlanden, in Portugal und in Spanien, unterliegen vor allem kleinere und mittlere Unternehmen sektoralen Tarifabschlüssen, während die Großunternehmen vielfach Firmentarifverträge abschließen. Auch unterscheiden sich die Lohnverhandlungsgepflogenheiten zwischen den Sektoren. Der öffentliche Sektor unterliegt typischerweise zentralen Abschlüssen, während in Sektoren mit vielen Großunternehmen die Unternehmensebene eine größere Bedeutung hat. Darüber hinaus unterscheiden sich die nationalen Lohnverhandlungssysteme hinsichtlich der geographischen Reichweite der Tarifabschlüsse. Während in den meisten Ländern sektorale Tarifabschlüsse für das gesamte Land gelten, ist ihre Reichweite in Deutschland, Frankreich und Spanien auf bestimmte (wenngleich z.T. größere) Regionen beschränkt.

Tabelle 2:
Lohnverhandlungsebenen in der EU

	Zentrale Ebene	Sektorale Ebene	Unternehmens-ebene	Einordnung insgesamt
Österreich	*	xxx	x	zentralisiert
Belgien	xxx	x	x	zentralisiert
Dänemark	xx	xx	x	intermediär
Finnland	xx	xx	x	zentralisiert
Frankreich		x	xxx	dezentral
Deutschland		xxx	x	intermediär
Griechenland	x	xxx	x	intermediär
Irland	xxx	x	x	zentralisiert
Italien		xxx	x	intermediär
Luxemburg		xx	xx	intermediär
Niederlande	*	xxx	x	zentralisiert
Portugal		xxx	x	intermediär
Spanien		xxx	x	intermediär
Schweden		xxx	x	intermediär
Ver. Königreich		x	xxx	dezentral

x = Lohnverhandlungsebene vorhanden, aber unbedeutend. – xx = Lohnverhandlungsebene wichtig, aber nicht dominierend – xxx = dominierende Lohnverhandlungsebene. – *Bedeutende übergeordnete Koordination.

Quelle: EIRO (2000); Dohse und Krieger-Boden (1998); eigene Darstellung.

Es gibt des Weiteren Unterschiede im Verhältnis der Verhandlungsebenen untereinander. In einer Reihe von Ländern ergänzen sich die sektorale und die Unternehmensebene. Dabei wird in den sektoralen Tarifverträgen in der Regel eine Untergrenze für den Lohnanstieg festgelegt, die von den Unternehmen je nach individueller Situation überschritten werden darf. Dagegen wird in Belgien und in Irland auf gesamtwirtschaftlicher Ebene eine Obergrenze festgelegt, die von den Tarifpartnern auf sektoraler oder Unternehmensebene einzuhalten ist.

Typisiert man die nationalen Lohnverhandlungssysteme in der Tradition von Calmfors und Driffill (1988) nach ihrem Zentralitätsgrad, so sind sie in der überwiegenden Zahl der Länder als intermediär zu bezeichnen.[53] Zentrale Lohnverhandlungssysteme finden sich in Belgien, Finnland und Irland, aber auch in Österreich und in den Niederlanden, wo zwar die eigentlichen Lohnverhandlungen überwiegend auf sektoraler Ebene angesiedelt sind, auf nationaler Ebene aber über eine zentrale Koordination erheblicher Einfluss ausgeübt wird. Als dezentral zu charakterisieren sind die Lohnverhandlungssysteme im Vereinigten Kö-

53 Eine leicht abweichende Einstufung findet sich in OECD (1997).

nigreich und in Frankreich. Die von Calmfors und Driffill (1988) postulierte und in einem Länderquerschnitt für den Zeitraum von 1974 bis 1985 empirisch gefundene Beziehung, nach der die Arbeitsmarktergebnisse in intermediären Lohnverhandlungssystemen schlechter ausfallen als diejenigen in zentralen und auch in dezentralen Lohnverhandlungssystemen, kann für den Zeitraum von 1986 bis 1996 nicht bestätigt werden (OECD 1997, Dohse und Krieger-Boden 1998: 69). Vielmehr zeigt sich, dass dezentrale Lohnfindungssysteme hinsichtlich der Arbeitsmarktergebnisse eindeutig superior sind; die Rangfolge zwischen intermediären und zentralen Lohnverhandlungssystemen variiert je nach betrachtetem Arbeitsmarktindikator (Dohse und Krieger-Boden 1998: 69).

Neben den tarifvertraglichen Lohnverhandlungsebenen gibt es in der Mehrzahl der EU-Staaten gesetzlich festgelegte Mindestlöhne.[54] Durch Mindestlöhne wird die Lohnflexibilität am unteren Ende der Lohnskala reduziert; die Arbeitsmarktchancen reduzieren sich insbesondere für Jugendliche und Geringqualifizierte. Ein Indikator dafür, wie stark ein Mindestlohn die Differenzierung der Löhne behindert, ist die Relation von Mindestlohn zu Durchschnittslohn. Dieser so genannte „Bite" des Mindestlohnes war im Jahr 1997 mit 50 bis 55 Prozent des Durchschnittslohnes im Fall eines Vollzeitbeschäftigten in Frankreich, Belgien, Griechenland, in den Niederlanden und in Portugal beträchtlich, während er in Spanien mit weniger als 30 Prozent vergleichsweise gering ausfiel (OECD 1998a).[55]

5.3.2 Organisationsgrad und Tarifgültigkeit

Neben der dominierenden Verhandlungsebene wird das System der industriellen Beziehungen davon geprägt, in welchem Ausmaß Arbeitnehmer und Arbeitgeber in Interessenverbänden organisiert sind und inwieweit die Tarifverträge verbindlich sind bzw. zu welchem Anteil die Arbeitsplätze von Tarifverträgen erfasst werden. Hier gibt es ebenfalls beträchtliche Unterschiede von Land zu Land (Tabelle 3). Die skandinavischen Länder bilden eine Gruppe, die durch einen hohen gewerkschaftlichen Organisationsgrad gekennzeichnet ist. Dagegen ist der Organisationsgrad der Unternehmen hier nicht besonders hoch, ebenso liegt der Erfassungsgrad der Tarifverträge eher im Mittelfeld. Eine Allgemeinverbindlicherklärung der Tarifverträge kann lediglich in Finnland erfolgen; sie ist dort aber von

54 Mindestlöhne gibt es in Belgien, Frankreich, Griechenland, Irland, Luxemburg, in den Niederlanden, in Portugal, Spanien und im Vereinigten Königreich (EIRO 2000).

55 Die Regelungen zum Mindestlohn sehen in einigen Ländern reduzierte Sätze für Jugendliche und Arbeitsmarkteinsteiger vor. Besonders starke Abschläge gibt es in den Niederlanden.

geringer Bedeutung. Der in der EU vorherrschende Typus ist der, bei dem der gewerkschaftliche Organisationsgrad relativ gering (und im Zeitablauf fallend) ist und die Unternehmen vergleichsweise hoch organisiert sind. Dies führt dazu, dass der Erfassungsgrad der Tarifverträge zumeist ausgesprochen hoch ist. Gestärkt wird die Macht der Gewerkschaften in einigen Ländern dadurch, dass die Tarifverträge in der Regel für allgemeinverbindlich erklärt werden.

Tabelle 3:
Organisationsgrad von Arbeitnehmern und Arbeitgebern, Erfassungsgrad und Inzidenz von Allgemeinverbindlicherklärungen in der EU-15[a]

	Gewerkschaftlicher Organisationsgrad	Unternehmens-organisationsgrad[b]	Erfassungs-grad	Gesetzl. Allgemein-verbindlicherklärung
Österreich	37	96	97	bedeutsam
Belgien	40	80	82	bedeutsam
Dänemark	68	48	52	nicht vorhanden
Finnland	65	58	67	bedeutsam
Frankreich	< 7	71	75	eingeschränkt
Deutschland	25	76	80	bedeutsam
Griechenland	< 15	n.v.	97	bedeutsam
Irland	37	44	n.v.[c]	vernachlässigbar
Italien	32	40	90	nicht vorhanden
Luxemburg	n.v.	n.v.	n.v.	n.v.
Niederlande	19	80	79	eingeschränkt
Portugal	< 20	n.v.	80	eingeschränkt
Spanien	< 15	70	67	eingeschränkt
Schweden	77	60	72	nicht vorhanden
Ver. Königreich	21	57	40	nicht vorhanden

[a]Mitte der neunziger Jahre. Für eine aktuellere vergleichende Untersuchung bezüglich des Erfassungsgrads und der Allgemeinverbindlicherklärung, die aber nur einen Teil der EU-15 Länder erfasst, siehe EIRO (2002). – [b]Gemessen am Anteil der Arbeitnehmer in Unternehmen, die Mitglied von Unternehmensverbänden sind. – [c]Der Erfassungsgrad in Irland ist sehr hoch; genaue Zahlen liegen jedoch nicht vor. – n.v.= nicht verfügbar.

Quelle: Auer (2000: 58); Dohse und Krieger-Boden (1998: 68).

5.3.3 Koordinationsmechanismen in den nationalen Lohnverhandlungssystemen

Die Lohnpolitik auf gesamtwirtschaftlicher und/oder nationaler Ebene ist in den Ländern nicht immer unkoordiniert.[56] Im Vereinigten Königreich und in Frankreich beschränkt sich die Koordination auf die Einhaltung eines staatlich verordneten Mindestlohns. Eine stärkere Form der Einflussnahme durch die Regierung erfolgt in Belgien und in Luxemburg, wo es Lohnindexierungsmechanismen

56 Vgl. hierzu OECD (1997) und EIRO (2000, 2002).

gibt.[57] In den übrigen Ländern findet eine Abstimmung der Lohnpolitik zwischen den Verbänden der Tarifpartner auf nationaler Ebene statt. Diese erfolgt zum Teil explizit, indem von den Spitzenverbänden der Gewerkschaften und der Unternehmer zentral Lohnleitlinien vorgegeben werden (Belgien, Finnland, Irland, Niederlande, Spanien). Zum Teil ist die Koordination implizit, indem einem Sektor die Lohnführerschaft zufällt. An solchen Pilotabschlüssen orientieren sich die Sozialpartner bei den übrigen Tarifverträgen insbesondere in Österreich, Dänemark, Deutschland und Schweden.

Eine neuere lohnpolitische Entwicklung ist die Bildung von Kommissionen und „runden Tischen". Diese verabschieden makroökonomische Richtlinien für die Lohnpolitik. Solche parteiübergreifenden Institutionen wurden bislang in zehn EU-Ländern gebildet.[58] Ihre Ausgestaltung und Relevanz ist allerdings von Land zu Land sehr unterschiedlich. Die Beschlüsse reichen von unverbindlichen Grundsatzerklärungen zu Fragen der Lohnpolitik (wie beispielsweise im Rahmen des „Bündnis für Arbeit" in Deutschland) bis hin zu gesetzlich festgeschriebenen Vorgaben für die Lohnentwicklung (beispielsweise im Rahmen der irischen Konsensprogramme).[59]

5.3.4 Eine gesamteuropäische Lohnpolitik?

Die obige Darstellung hat gezeigt, dass die nationalen Lohnfindungssysteme gegenwärtig in verschiedener Hinsicht stark differenziert sind. Um die Voraussetzungen für eine gemeinsame europäische Lohnpolitik zu schaffen, müssten sie harmonisiert werden. Eine Harmonisierung der lohnpolitischen Institutionen ebenso wie der beschäftigungspolitischen Strategie insgesamt erscheint aus mehreren grundsätzlichen Erwägungen jedoch nicht angebracht. Zunächst besteht in der Politik wie in der Wissenschaft keine hinreichende Einigkeit darüber, welches die Ursachen der europäischen Arbeitsmarktprobleme sind und wie die geeigneten Institutionen aussehen sollten.[60] Entsprechend unterscheiden sich The-

---

57 Die Lohnzuwächse sind grundsätzlich an die Entwicklung der Lebenshaltungskosten gekoppelt, allerdings spielten in Belgien zuletzt die Entwicklung der Arbeitskosten in den wichtigsten Handelspartnerländern eine entscheidende Rolle bei der Bestimmung der Tariflohnerhöhungen (EIRO 2000).

58 Für eine Übersicht siehe EIRO (2000); zu näheren Informationen im Einzelnen Fajertag und Pochet (1997), Hassel (1998) und Kuntze (1998).

59 Für nähere Informationen vgl. Abschnitt 4.3.3.

60 So sieht Siebert (1997a) Arbeitsmarktrigiditäten als Kernproblem, während Nickell (1997) die Höhe und Dauer der Lohnersatzleistungen in den Vordergrund stellt. Martin (2000) wiederum erkennt in einer zu restriktiven Geld- und Finanzpolitik die Hauptursache der europäischen Arbeitsmarktmalaise.

rapieansätze und Reformstrategien. Zudem muss berücksichtigt werden, dass sich die lohnpolitischen Institutionen in den einzelnen Ländern historisch entwickelt haben und Ausdruck unterschiedlicher nationaler Präferenzen sind. Es ist nicht selbstverständlich, dass Arbeitsmarktinstitutionen, die in einem Land gute Ergebnisse hervorgebracht haben, in jedem anderen Land zufriedenstellend funktionieren (Freeman 1988). Zumindest ist es zweifelhaft, ob eine zentral gesteuerte Harmonisierung der EU-Arbeitsmarktinstitutionen den national unterschiedlichen Erfordernissen gerecht werden kann. Insofern ist Padoa-Schioppa (1987) zuzustimmen, wenn für einen Wettbewerb der nationalen Arbeitsmarktpolitiken plädiert wird, der mit einem Informations- und Erfahrungsaustausch verbunden ist. Auf diese Weise würde der Wettbewerb als Entdeckungsverfahren im Sinne Hayeks (1968) genutzt, und es könnten sich überlegene Institutionen und Praktiken auf freiwilliger Basis durchsetzen.

Angesichts der national sehr differenzierten Arbeitsmarktinstitutionen ist eine EU-weite zentralisierte Lohnpolitik, wie sie zur Durchführung einer mit der Geldpolitik koordinierten makroökonomischen Strategie notwendig wäre, nicht möglich. Sie ist aber auch nicht notwendig, wie die Erfahrung der Niederlande zeigt, die unter den Bedingungen einer De-facto-Währungsunion mit Deutschland und ohne eine solche lohnpolitische Koordination auf einen höheren Wachstumspfad gelangten und ihre Arbeitslosigkeit halbierten. Die lohnpolitischen Erfordernisse sind in der EU angesichts beträchtlicher Unterschiede, was den Produktivitätszuwachs und die Beschäftigungslage anlangt,[61] ohnehin differenziert.

Durch eine einheitliche Lohnpolitik würde die Flexibilität der nationalen Arbeitsmärkte verringert, die nach dem Fortfall des Wechselkurses als Anpassungsinstrument vermehrt gefordert ist.[62] Hierüber besteht offenbar inzwischen weitgehend Einigkeit. Im politischen Raum reduzieren sich die Forderungen nach einer EU-weiten Lohnpolitik bis auf Ausnahmen[63] darauf, Mindestlohnstandards festzulegen (z.B. Strauss-Kahn 1999). Alles in allem sollte die Lohnpolitik auf die Erfordernisse des nationalen Arbeitsmarktes ausgerichtet sein. Eine internationale Koordinierung würde hier auf mittlere Sicht gravierende Nachteile bringen (Siebert 1997b).

---

61 Unterschiedliche Produktivitätsentwicklungen führen über den so genannten Balassa-Samuelson-Effekt im Rahmen einer Währungsunion auch zu Inflationsdifferenzen. Zu einer Quantifizierung dieses Effekts siehe Sinn und Reutter (2001).

62 Dieses Argument basiert auf der Theorie des optimalen Währungsraums. Vgl. hierzu im Einzelnen Dohse und Krieger-Boden (1998: 6 ff.).

63 So treten z.B. Gabaglio (1999) und Schulte (1999) für zentrale Lohnverhandlungen ein, um eine ausgewogene Nachfragepolitik betreiben zu können (zitiert nach Funk 1999: 120).

6 Steuerpolitik und Produktionspotential in der Europäischen Union

6.1 Steuerkompetenz für die EU?

6.1.1 Problemstellung

Die Entscheidungen über die Einnahmen und die Ausgaben der Europäischen Union (EU) werden auf unterschiedliche Weise getroffen.[64] Auf der Einnahmenseite überwiegt das Einstimmigkeitsprinzip. „Die Mitgliedstaaten vereinbaren im sogenannten Eigenmittelbeschluss nach Art. 269 EG-Vertrag, wie viel Mittel sie der Union maximal über einen bestimmten Zeitraum von z.B. fünf Jahren zuweisen" (Blankart 2001a: 572–573). Über die Mittelverwendung wird nach Art. 272 EG-Vertrag ausschließlich in den Organen der EU entschieden. Die Mitgliedstaaten werden nicht mehr gefragt (ebenda).

Mit der fortschreitenden Integration der Wirtschaften der EU-Länder wird immer öfter gefordert, der EU müsse Steuergewalt gegeben werden. Zur Begründung wird zum einen auf verfassungsrechtliche Gegebenheiten verwiesen; zum anderen werden Effizienzüberlegungen vorgebracht. Der EU müsste zur Finanzierung ihrer Ausgaben – aus juristischer Sicht – tatsächlich eine eigene Steuer zugeordnet werden, wenn sie der Zentralstaat in einem Bundesstaat der gegenwärtig 15 Mitgliedstaaten wäre. Im Folgenden wird untersucht, ob sie ein Zentralstaat ist. Es wird aber vor allem analysiert, wie sich die Problematik aus ökonomischer Sicht darstellt; dabei wird auch aufgezeigt, wie die Schaffung einer Steuerkompetenz der EU das Produktionspotential in der EU beeinflussen kann.

Neben einer EU-Steuer im eigentlichen Sinne werden z.B. eine europaweite CO_2-Steuer oder eine Energiesteuer auf EU-Ebene vorgeschlagen. Wenn im Umweltbereich (oder anderswo) grenzüberschreitende Externalitäten auftreten, dann kommt eine Internalisierung über eine EU-weite Steuer durchaus in Frage. Allerdings haben derartige Abgaben eine allokationspolitisch begründete Lenkungsfunktion. Sie sind als Finanzierungsinstrument ungeeignet; ihre Höhe darf sich nicht an fiskalischen Zielen der EU orientieren (Huber 2001: 56). Deshalb geht es im Folgenden lediglich um die Frage, ob eine (traditionelle) Einkommen-

---

64 Zu einer Beschreibung des Finanzsystems der EU vgl. Huber (2001).

steuer oder eine Konsumsteuer der EU (jeweils mit „nationaler" Bemessungsgrundlage wie Bruttonationaleinkommen oder Privater Verbrauch) eingeführt werden sollte.

6.1.2 Analyse aus rechtlicher Sicht

Die EU ist weder ein reiner Staatenbund noch ein reiner Bundesstaat. Der EG-Vertrag enthält Elemente beider Formen der Zusammenschlüsse von Staaten.

Die EU erhält ihre Zuständigkeiten aufgrund sogenannter Einzelermächtigungen der Mitgliedstaaten; dies ist kennzeichnend für einen Staatenbund im Gegensatz zu einem Bundesstaat (Blankart 2001: 567–570). Innerhalb der Grenzen des EG-Vertrages werden Entscheidungen in erster Linie vom Rat getroffen (Ressortminister der Mitgliedstaaten bzw. Regierungs- und Staatschefs); auch dies ist typisch für einen Staatenbund. Bei den Entscheidungen dominiert das Einstimmigkeitsprinzip, das einen Staatenbund kennzeichnet (Blankart 2001a: 572). Insoweit könnte man meinen, die EU sei ein Staatenbund. Es gibt aber im EG-Vertrag auch Elemente, die für einen Bundesstaat typisch sind. So kann der Rat Verordnungen erlassen, die die Bürger der Mitgliedstaaten unmittelbar betreffen. Der Europäische Gerichtshof wendet sich direkt an die Bürger und umgekehrt (ebenda).

Aus der rechtlichen Konstruktion der EU lässt sich offenbar nicht ableiten, ob eine Steuerkompetenz der EU deshalb angebracht ist, weil die EU der Zentralstaat in der EU ist. Es gibt Elemente des Staatenbundmodells und Elemente des Bundesstaatsmodells. Der Vertrag von Maastricht hat daran nichts geändert; er ist lediglich eine Vereinbarung über eine verstärkte Zusammenarbeit souveräner Staaten.

6.1.3 Die ökonomische Betrachtung

Zur Begründung der Steuerkompetenz werden auch verschiedene ökonomische Argumente vorgebracht. Diese werden im Folgenden dargestellt und bewertet.

So wird argumentiert, das so genannte Konnexprinzip verlange, dass zur Ausgabenverantwortung die Einnahmenkompetenz gehöre. Tatsächlich entscheiden aber die Mitgliedstaaten über die Ausgaben der EU (vor allem für die Agrarpolitik und die Strukturpolitik). Sie legen einstimmig das Niveau der Gesamtausgaben (in Relation zum Bruttoinlandsprodukt) fest. Sie determinieren damit faktisch weitgehend, für welche Zwecke Geld ausgegeben wird; im Detail entscheiden freilich die Organe der EU.

Eine „Europa-Steuer" – so eine andere These – schaffe anders als das gegenwärtige System der EU-Finanzierung (Zölle, Abführungen, Mehrwertsteuer-Eigenmittel, BSP-Eigenmittel) Transparenz; sie verdeutliche, welche Belastung die Existenz der EU für die Bürger mit sich bringe. Diese Belastung ist aber auch im herrschenden System ersichtlich, wenn auch dafür ein begrenzter Aufwand erforderlich ist. Auch nähme die Transparenz bei Einführung einer EU-Steuer nicht notwendigerweise zu; sie bliebe gering, wenn der Europäische Rat die Höhe und die Ausgestaltung einer EU-Steuer festlegte, ohne dass im nationalen Rahmen über die Belastung diskutiert wird. Bedeutsam für die Transparenz bzw. Fühlbarkeit einer EU-Steuer wäre im Übrigen, ob diese eine direkte oder eine indirekte Steuer ist (Huber 2001: 56). Schließlich bedeutet die Existenz der EU nicht, dass es für die einzelnen Länder nur fiskalische Kosten oder Vorteile gibt; sie bedeutet vor allem, dass im Binnenmarkt die Vorteile des freien Waren- und Dienstleistungsverkehrs und der grundsätzlich freien Faktorwanderung genutzt werden können.

Erhält die EU Steuerhoheit, so wird vermutlich die Steuerbelastung steigen.[65] Zwar wird von Seiten der Befürworter einer EU-Steuer argumentiert, die Einführung einer Europa-Steuer müsse mit der Senkung der nationalen Steuern einhergehen, wahrscheinlich würde es dazu aber nicht oder nicht in einem Maße kommen, das die Gesamtbelastung in den einzelnen Ländern nicht verändert. Die EU-Kommission und das Europäische Parlament würden bei Steuerhoheit wohl darauf drängen, dass zusätzliche Ausgaben beschlossen werden. Nicht zuletzt würde die Einführung einer Europa-Steuer es erleichtern, die Belastungen im Gefolge der Ost-Erweiterung der EU zu finanzieren. Infolge einer Anhebung der Steuerbelastung bei erhöhter Umverteilung würde das Produktionspotential in den einzelnen Ländern und in der EU insgesamt sinken.

Schritte in Richtung auf eine Steuerhoheit der EU bedeuten weniger Steuerwettbewerb als bislang. Eine einzelne Regierung, die die Steuern erhöht, muss befürchten, dass die anderen Regierungen nicht nachziehen und dass mobile Produktionsfaktoren abwandern (Vaubel 2000a); sie muss die Wettbewerbsfähigkeit ihres Landes berücksichtigen. Ein „europäischer Fiskus" dagegen kann die Steuerbelastung in der gesamten EU erhöhen, ohne mit Reaktionen wie z.B. mit Wanderungen des Kapitals innerhalb der EU rechnen zu müssen. Zwar bliebe der Wettbewerb zwischen der EU als Gesamtheit und den Drittländern bei Einführung einer Europa-Steuer erhalten, aber eine Zentralisierung in diesem Sinne würde bedeuten, dass der Wettbewerb als Verfahren zur Entdeckung besserer

---

[65] Was das Ausmaß des Anstiegs betrifft, so kommt es sehr darauf an, mit welchen Stimmanteilen Entscheidungen getroffen werden können. Mehrheitsentscheidungen sind problematisch. Sie führen zu mehr Staatsausgaben und höheren Steuern. Vgl. hierzu Vaubel (2000a).

Steuersysteme Schaden nähme; ein Teil des Steuersystems wäre dem Wettbewerb nicht mehr ausgesetzt.

Ein weiterer Aspekt ist erwähnenswert: Erhält die EU Steuerhoheit, so bedeutet dies, dass sie eine eigene Haushaltspolitik betreiben kann. Für diese gibt es aber keine Restriktionen, die jenen für die nationale Finanzpolitik entsprechen (Vertrag von Maastricht, Stabilitäts- und Wachstumspakt). Die EU könnte also die finanzpolitischen Intentionen der Einzelstaaten konterkarieren. Ein solches Ergebnis könnte auch aus einem anderen Grund eintreten. Der Einführung einer Steuerkompetenz würde wahrscheinlich rasch die Einräumung der Verschuldungskompetenz folgen.

Schließlich ist Folgendes zu bedenken: Gegenwärtig wird im Rat über die Finanzmittel der EU nach dem Einstimmigkeitsprinzip entschieden. Über die EU-Steuer würde aber – früher oder später – das Europäische Parlament nach dem Mehrheitsprinzip bestimmen. Es ist wahrscheinlich, dass die Nettobelastung Deutschlands dann zunehmen würde, zumal Deutschland nicht entsprechend seinem Bevölkerungsanteil im Parlament vertreten ist.

Insgesamt ist es wohl besser, die Ausgaben der EU durch (Matrikular-)Beiträge der Mitgliedstaaten zu finanzieren (Laaser et al. 1993: 38). Die Erfahrung im Deutschen Reich zeigt, dass selbst ein föderatives Staatsgebilde, das die EU nicht ist, ohne Steuerhoheit der Zentralregierung funktionieren kann. Das System der Matrikularbeiträge sorgte dafür, dass die Ausgaben des Reichs begrenzt blieben.

All dies schließt nicht aus, dass das gegenwärtige System der EU-Finanzierung verbessert werden kann. Ein Fortschritt wäre es, wenn alle Mitgliedstaaten einen bestimmten Prozentsatz ihrer Steuereinnahmen (anstatt der Mehrwertsteuer-Eigenmittel und der BSP-Eigenmittel) an die EU abführen müssten.

Unabhängig von der Frage einer Steuerkompetenz der EU ist zu prüfen, welche Aufgaben die EU sinnvollerweise haben soll und wie groß demzufolge der Finanzbedarf ist. Die EU sollte aus ökonomischer Sicht (Sicht des Fiskalföderalismus) nur in jenen Bereichen zuständig sein und Ausgaben tätigen, in denen es um die Bereitstellung EU-weit genutzter öffentlicher Leistungen geht (Vaubel 1993, Laaser et al. 1993). Der weitaus größte Teil der Ausgaben der EU entfällt aber auf die Bereiche der Agrar- und Strukturpolitik, auf Bereiche, die diese Voraussetzung nicht erfüllen.[66] Die betroffenen Ausgaben sollten daher gekürzt oder ganz gestrichen werden. Der Finanzbedarf nähme ab. Wenn die EU Steuerkompetenz erhält, dann ist dieses Ergebnis aber weniger als dann zu erwarten, wenn es bei dem gegenwärtigen Finanzierungssystem bleibt. Eine höhere Steuerbelas-

---

66 Zu einer unter Effizienzgesichtspunkten adäquaten Zuordnung einzelner Politikbereiche auf die EU bzw. die Nationalstaaten vgl. Stehn (2002).

tung bei höheren Gesamtausgaben bedeutet, dass das Produktionspotential niedriger als sonst ist.

Insgesamt spricht viel gegen eine EU-eigene Steuer. Dies gilt aus ökonomischer Sicht ebenso wie aus rechtlicher Sicht. Mit der Einführung einer EU-Steuer würde die Steuerbelastung wohl steigen. Das Wachstum des Produktionspotentials würde beeinträchtigt.

6.2 Steuerharmonisierung oder Steuerwettbewerb?

6.2.1 Problemstellung

Angesichts der erhöhten Kapitalmobilität wird häufig gefordert, die Steuerpolitik international zu koordinieren. Nach der Schaffung der Europäischen Währungsunion und der Einführung des Euro sei es umso mehr nötig, die Steuerpolitik in der Währungsunion oder in der gesamten Europäischen Union (EU) aufeinander abzustimmen. So wird befürchtet, dass die Steuersatzunterschiede bei der Mehrwertsteuer die Integration der Märkte behindern und den Wettbewerb verzerren. Auch wird argumentiert, dass mehr als bisher Absprachen bei der Kapitaleinkommensbesteuerung erforderlich seien. Andernfalls komme es zu einem Prozess der Steuersatzsenkung, der die angemessene Bereitstellung öffentlicher Leistungen erschwere oder unmöglich mache und der eine nationale Umverteilungspolitik be- oder verhindere. In besonders prägnanter Weise argumentiert Sinn, „dass der staatliche Wettbewerb unter einem chronischen Marktversagen leidet, weil die Staaten selbst wegen eines Marktversagens im privaten Sektor entstanden sind. ... Wenn der Staat dort aktiv wird, wo der Markt versagt, dann kann man nicht hoffen, dass eine Wiedereinführung des Marktes durch die Hintertür des staatlichen Wettbewerbs Gutes verspricht“ (Sinn 1997c: 10).

Im Folgenden wird analysiert, inwieweit die Forderungen nach Harmonisierung bzw. Abstimmung der Steuerpolitik berechtigt sind. Was die Ausgabenseite der Budgets der einzelnen Länder betrifft, so wird angenommen, dass es sich um staatliche Aktivitäten handelt, die keine (bzw. unwesentliche) Wirkungen über die jeweilige Landesgrenze hinweg haben; Beispiele für solche Aktivitäten sind die Bereitstellung nationaler öffentlicher Güter sowie staatliche Transfers im Rahmen nationaler Umverteilungspolitik. Es geht also nicht um die Effizienz bzw. Ineffizienz bestimmter Politiken beim Angebot europaweiter öffentlicher

Güter im eigentlichen Sinn oder bei der Berücksichtigung internationaler externer Effekte.[67]

6.2.2 Steuerwettbewerb, Steuerharmonisierung – Anmerkungen zu den Begriffen

Unter Steuerwettbewerb wird ein System verstanden, in dem einzelne Länder ihre Steuerpolitik unabhängig voneinander bestimmen. Wenn Regierungen ihre Steuerpolitik mit Regierungen anderer Länder absprechen, dann wird dies internationale Steuerharmonisierung genannt; aus ökonomischer Sicht liegt dann ein Besteuerungskartell vor (Vaubel 2000b: 281). Steuerwettbewerb ist mithin das Gegenstück zu einem System mit Absprachen, die bis hin zur völligen Angleichung der Bemessungsgrundlagen und der Steuersätze reichen können. Wird eine Steuer auf der Ebene einer Union von Ländern erhoben, so ist die Steuerpolitik insoweit monopolisiert.

Instrumente im Steuerwettbewerb sind die Steuersätze, die Bemessungsgrundlagen der einzelnen Steuern und die Intensität, mit der die gesetzlichen Regelungen durch die Steuerverwaltung durchgesetzt werden (Sachverständigenrat 1998: 191). Absprachen zwischen Ländern können sich auf die genannten drei Bereiche beziehen.

6.2.3 Harmonisierung der Mehrwertsteuer?[68]

Die Regelsätze der Mehrwertsteuer sind in den einzelnen EU-Ländern sehr verschieden; sie reichen von 15 Prozent in Luxemburg bis 25 Prozent in Dänemark und in Schweden (Abbildung 14). Neben den Unterschieden bei dem Regelsatz gibt es verschiedene reduzierte Sätze bis hin zu Steuerbefreiungen (Tabelle 4).

Die Kommission der EU hat – mit Unterstützung der Regierungen der meisten EU-Länder – vorgeschlagen, dass erstens die Steuersätze angenähert werden, dass zweitens der (Anfang 1993 in die Unternehmen verlagerte) Grenzausgleich bei der Besteuerung entfällt, es also in der EU grenzüberschreitend zum Vorsteuerabzug bei der Festsetzung der Mehrwertsteuerschuld kommt, und dass drittens die sich dann ergebende Umverteilung des Steueraufkommens durch einen (an

---

67 Vgl. zu diesem Problemkomplex Laaser et al. (1993).

68 Die Frage, ob es sinnvoll ist, die Bemessungsgrundlagen der Mehrwertsteuer international anzugleichen, wird nicht erörtert. Es wird der Status quo zugrunde gelegt. Häufig wird ein Vorteil harmonisierter Bemessungsgrundlagen darin gesehen, dass grenzüberschreitend operierende Unternehmen Verwaltungskosten einsparen.

Tabelle 4:
Mehrwertsteuersätze in den Ländern der EU und in den beitrittswilligen Ländern am 1. Juli 2003 (Prozent)

	Normalsatz	Ermäßigter Satz	Nullsatz[a]
Belgien	21	6; 12	ja
Dänemark	25	–	ja
Deutschland	16	7	–
Finnland	22	8; 17	ja
Frankreich	19,6	2,1; 5,5	–
Griechenland	18	4; 8	–
Irland	21	4,3; 13,5	ja
Italien	20	4; 10	ja
Luxemburg	15	3; 6; 12	–
Niederlande	19	6	–
Österreich	20	10; 12	–
Portugal	19	5; 12	–
Schweden	25	6; 12	ja
Spanien	16	4; 7	–
Vereinigtes Königreich	17,5	5	ja
EU-15	18,5[b]	–	–
Bulgarien	20	–	–
Estland	18	5	ja
Lettland	18	9	ja
Litauen	18	5; 9	–
Malta	15	5	ja
Polen	22	3; 7	ja
Rumänien	19	11	–
Slowakei	23	14	–
Slowenien	20	8,5	–
Tschechien	22	5	–
Ungarn	25	12	ja
Zypern[c]	15	5	ja
Nachrichtlich:			
Japan	5	–	–
Norwegen	24	12	ja
Schweiz	7,6	2,4; 3,6	–

[a]Steuerbefreiung mit Vorsteuerabzug (beispielsweise für Zeitungen in Belgien, in Dänemark und in Estland und für Rohgold in Italien). – [b]Gewogen mit den Anteilen am Bruttoinlandsprodukt zu Preisen und zu Wechselkursen im Jahr 2002. – [c]Griechischsprachiger Teil.

Quelle: BMF (2003: 37–38); eigene Berechnungen.

Abbildung 14:
Mehrwertsteuersätze (Normalsatz) in den EU-Ländern am 1. Juli 2003

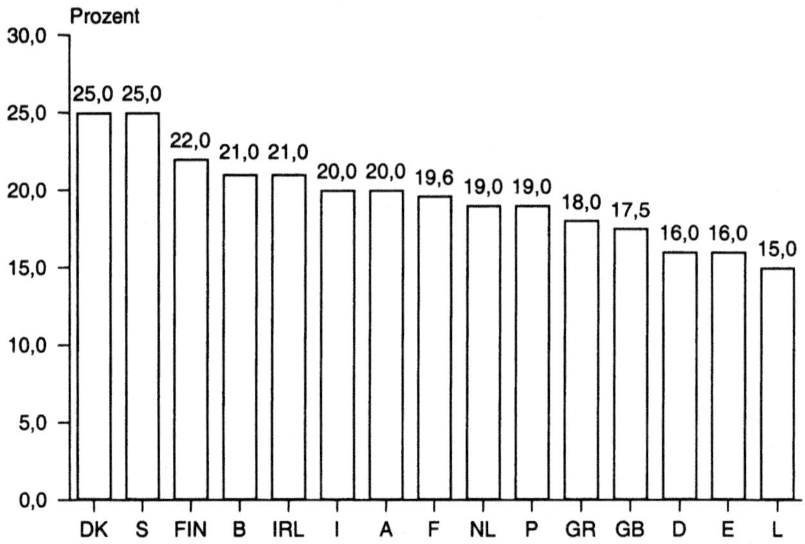

Quelle: BMF (2003).

Aggregate der Volkswirtschaftlichen Gesamtrechnungen anknüpfenden) Clearing-Mechanismus verhindert wird, die gegenwärtige Verteilung nach dem Bestimmungslandprinzip[69] also beibehalten wird.

Würde ein grenzüberschreitender Vorsteuerabzug gemäß dem Kommissionsvorschlag verwirklicht, so würden die Handelsströme bei gegebenen Steuersätzen nicht beeinflusst. Allerdings würde sich die Verteilung des Steueraufkommens ändern: Nettoexportländer erzielten ein größeres, Nettoimportländer ein geringeres Aufkommen als im gegenwärtigen System; auch die Steuersatzunterschiede hätten Einfluss auf die Verteilung des Aufkommens. Bei grenzüberschreitendem Vorsteuerabzug könnte ein Land durch eine Anhebung des Steuersatzes sein Steueraufkommen auf Kosten anderer Länder vergrößern. Eine Steuersatzerhöhung in einem Land brächte – neben der Belastung des Konsums im Inland – wegen der Besteuerung der Ausfuhr in andere EU-Länder zusätzliche Steuereinnahmen, ohne dass (wegen des grenzüberschreitenden Vorsteuerabzugs) die Exporte negativ beeinflusst wären; die Steuereinnahmen des Importlandes nähmen ab, weil bei der Besteuerung im Importland ein größerer Betrag an

69 Direktimporte durch private Haushalte haben allerdings zur Folge, dass das Mehrwertsteueraufkommen im Ursprungsland anfällt.

(im Ausland gezahlter) Vorsteuer angerechnet würde. Diese Auswirkungen des grenzüberschreitenden Vorsteuerabzugs auf die Verteilung des Mehrwertsteueraufkommens der einzelnen Länder der EU sollen nach dem Vorschlag der Kommission der EU durch eine dauerhafte Einebnung der Steuersatzunterschiede in der EU und durch einen Clearing-Mechanismus vermieden werden.[70,71]

Mit Steuersatzwettbewerb hat das von der EU-Kommission und von den meisten Regierungen gewünschte System nichts zu tun. Vielmehr würde der Wettbewerb zwischen den Anbietern öffentlicher (und anderer vom Staat bereitgestellter) Güter und Dienstleistungen durch die Steuersatzannäherung beschränkt (Vaubel 1993).

Wettbewerb entsteht dagegen dann, wenn das Ursprungslandprinzip[72] und damit ein genereller (auch grenzüberschreitender) Vorumsatzabzug eingeführt werden. Nach diesem System wird die um die Investitionen verringerte Wertschöpfung in einem Land mit dem nationalen Steuersatz belegt, es gibt keinen „Grenzausgleich", und das Aufkommen fließt dem Land zu, in dem die (konsumierten oder exportierten) Güter produziert werden. Nettoexportländer (Nettoimportländer) hätten höhere (niedrigere) Steuereinnahmen. Diese Verteilung entspricht dem, was der Begriff „Mehrwertsteuer" eigentlich nahe legt. „Die Verantwortung für die Höhe der Steuersätze und der Anspruch auf das Steueraufkommen fielen zusammen" (BMWi 1994: 73).

Länder mit hohem durchschnittlichem Mehrwertsteuersatz (Hochsteuerländer) würden beim Übergang zum Ursprungslandprinzip – isoliert betrachtet – Wettbewerbsfähigkeit verlieren, Länder mit niedrigem Mehrwertsteuersatz (Niedrigsteuerländer) würden profitieren. Aber die Löhne und Preise in den einzelnen Ländern würden – wenngleich möglicherweise verzögert – reagieren (Feldstein und Krugman 1990), so dass sich die ursprüngliche Wettbewerbssituation wieder einstellte;[73] in dem Maße, in dem die Lohnsenkung in den Hochsteuerländern verzögert oder nicht erfolgt, steigt dort vorübergehend oder dauerhaft die Arbeitslosigkeit.

---

70 Um die Verschiebung des Steueraufkommens exakt auszugleichen, müsste der Clearing-Behörde genau das Zahlenmaterial geliefert werden, das derzeit für die Durchführung des innergemeinschaftlichen Kontrollverfahrens von den Unternehmen und den Finanzbehörden benötigt wird. Hinsichtlich des Verwaltungsaufwands wäre vor allem für die Unternehmen nichts gewonnen.

71 Im Verhältnis zu Nicht-EU-Ländern bleibt es nach dem Vorschlag bei dem gegenwärtigen System. Zu bedenken ist, dass der Kreis der EU-Länder im Mai 2004 größer geworden ist.

72 Der Name Ursprungslandprinzip wird in der politischen Diskussion zu Unrecht für das von der Kommission der EU vorgeschlagene System verwendet.

73 Die realen Wechselkurse innerhalb der EU wären nach Anpassung an das neue System unverändert; im Verhältnis zu Nicht-EU-Ländern käme es bei unveränderten realen Wechselkursen zu Änderungen der nominalen Wechselkurse.

Die Einführung des Ursprungslandprinzips samt Vorumsatzabzug hätte viele Vorteile (Boss 1999). Jedes Land könnte sich nach Einführung des Ursprungslandprinzips durch eine Steuersatzsenkung als Produktionsort attraktiv machen. Das Niveau der Steuerbelastung in der EU im (gewogenen) Durchschnitt wäre angesichts des Wettbewerbs auf mittlere Frist vermutlich geringer als sonst, weil das Expansionsstreben der Bürokratie und der Subventionswettlauf der Interessengruppen gezügelt würden (Vaubel 1993: 101). Zudem könnte es dazu kommen, dass sich die Steuersätze den von den einzelnen Staaten für die Unternehmen erbrachten Leistungen (z.B. in Form der Infrastruktur) annähern. Aus der Sicht der Unternehmen kommt es auf die Steuerbelastung im Vergleich zu dem Leistungsangebot des Staates an; hohe Steuersätze sind im Wettbewerb möglich, wenn ihnen hohe Staatsleistungen zugunsten der produzierenden Unternehmen gegenüberstehen. Schließlich ist ein Verzicht auf Harmonisierung auch insofern von Vorteil, als im Wettbewerb die für die einzelnen Länder möglicherweise unterschiedliche optimale Struktur der einzelnen Mehrwertsteuersätze gefunden werden könnte und damit Effizienzgewinne realisiert werden könnten.[74] Die „optimale Steuerstruktur hängt von den Nachfrage- und Angebotselastizitäten der Volkswirtschaft ab. Da sich die Präferenzen der Nachfrager – zum Beispiel einkommensbedingt – unterscheiden, die Ausstattung mit immobilen Faktoren variiert und auch die Effizienz der Steuerverwaltung nicht überall die gleiche ist, sind für unterschiedliche Volkswirtschaften auch unterschiedliche Steuersysteme und Steuersätze optimal" (Vaubel 1993: 101).

6.2.4 Harmonisierung der Besteuerung der Kapitaleinkommen?

6.2.4.1 Die These vom „race to the bottom"

Der Wettbewerb bei der Besteuerung der Kapitaleinkommen wird vielfach noch skeptischer beurteilt als der bei der Mehrwertbesteuerung. Angesichts der weltweit gestiegenen Mobilität des Kapitals wird oft argumentiert, ein Steuersenkungswettlauf sei im Gange; er werde noch intensiver werden und möglicherweise erst dann enden, wenn die Steuersätze für Erträge auf mobiles Kapital auf Null gesunken sind („race to the bottom"). Der Staat könne bei Wettbewerb seine Aufgaben nur unzureichend oder überhaupt nicht wahrnehmen. Insbesondere komme es zu einer Unterversorgung mit öffentlichen Gütern, und der Sozi-

---

74 Bei Einführung des Ursprungslandprinzips wäre der Verwaltungsaufwand in den Unternehmen nicht so groß wie im herrschenden System. Auch wären die Steuermindereinnahmen infolge Betrugs geringer als in einem System mit Vorsteuerabzug; es würde im Einzelfall nur die Steuer auf die (korrigierte) Wertschöpfung einer Produktions- bzw. Handelsstufe hinterzogen.

alstaat werde ausgehöhlt. Bei gegebenen Ausgaben des Staates müsse die Steuerbelastung in dem Senkungswettlauf immer mehr auf die immobilen Faktoren, vor allem auf den Faktor Arbeit, verlagert werden; dies behindere – bei ohnehin hohen oder gar steigenden Beitragssätzen in der Sozialversicherung – den Rückgang der Arbeitslosigkeit in der EU. Abhilfe könne nur eine Harmonisierung der Steuersätze schaffen.

6.2.4.2 Die theoretische Basis des Arguments

Die theoretische Basis des Arguments lässt sich folgendermaßen skizzieren.[75,76] In einer Welt mit Kapitalmobilität agieren Sparer und Investoren auf dem internationalen Kapitalmarkt (Weltkapitalmarkt). Für ein einzelnes (kleines) Land ist der Kapitalmarktzins gegeben. Die heimische Ersparnis und die Investitionen im Inland sind entkoppelt; es wird Kapital exportiert oder importiert. Wenn ein Land die Erträge auf Investitionen im Inland mit einer Körperschaftsteuer (oder einer vergleichbaren Steuer) belastet, dann steigen die Kapitalkosten[77] (im Ausmaß des Steuersatzes), die Investitionen schrumpfen und die Wohlfahrt der Volkswirtschaft sinkt – trotz der zusätzlichen Steuereinnahmen. Die Besteuerung ist ineffizient; es wäre besser, immobile Produktionsfaktoren (z.B. Land oder Arbeit) statt des mobilen Kapitals zu besteuern.

Wenn dagegen ein Land seine Körperschaftsteuer und/oder die vergleichbare Steuer für Nichtkapitalgesellschaften senkt, dann steigen die Investitionen und die Kapitalimporte nehmen zu (bzw. die Kapitalexporte nehmen ab), bis die Brutto-Rendite so weit gesunken ist, dass die Nach-Steuer-Rendite dem Niveau auf dem Weltmarkt entspricht. „Auch wenn die immobilen Faktoren ... herangezogen werden, den Steuerausfall wettzumachen, liegt es in ihrem eigenen Inte-

---

75 Es werden dabei vereinfachende Annahmen gesetzt. Zu einer Analyse im Rahmen eines Modells des weltweiten allgemeinen Gleichgewichts vgl. Sørensen (2000). Unter allgemeinen Annahmen kommt es nicht nur zu Kapitalbewegungen; es reagiert auch die Ersparnis. Andere Effekte treten hinzu (Sørensen 2000: 438–439).

76 Zu den Fragen, wie Kapitalmobilität das Niveau und die Struktur des Steueraufkommens und der Staatsausgaben beeinflusst und wie sich dies auf die Wohlfahrt auswirkt, vgl. Lorz (2003). Lorz betrachtet allerdings den Fiskalwettbewerb in einer Welt vollkommener Information; Wettbewerb wird weder als Mechanismus gesehen, die Präferenzen der Bürger für öffentliche (lokale) Güter zu erkennen (Tiebout 1956), noch als Entdeckungsverfahren (Hayek 1968). – Bei unvollständigem Wettbewerb auf dem Arbeitsmarkt kann Harmonisierung zu negativen Wohlfahrtseffekten führen. Steuerwettbewerb erzeugt dagegen Druck auf die Tarifvertragsparteien, marktkonforme Löhne festzusetzen (Lorz 1997).

77 Die Kapitalkosten sind definiert als diejenige Rendite vor Steuern, die ein marginales Investitionsobjekt mindestens abwerfen muss, um für Investoren – bei einem Vergleich mit einer Alternativanlage etwa in festverzinsliche Wertpapiere – gerade noch attraktiv zu sein.

resse, die Kapitalbesteuerung abzuschaffen" (Sinn 1995: 243). Die Einkommen der immobilen Faktoren steigen nämlich um mehr als die Steuerausfälle, weil die Steuersenkung (auf Null) zusätzliche Investitionsprojekte rentabel werden lässt.[78] Die immobilen Faktoren verlieren auch dann durch die Besteuerung des mobilen Kapitals, wenn sich dies ganz im Eigentum von Ausländern befindet (Wildasin 2000: 344).

Hinsichtlich einer Kapitalsubventionierung lässt sich analog argumentieren. Eine Subvention für mobiles Kapital bringt ebenso einen Wohlfahrtsverlust für die Inländer wie eine nach dem Quellenlandprinzip erhobene Steuer auf das Kapital (Wildasin 2000: 345).

Die wirtschaftspolitische Schlussfolgerung liegt insoweit auf der Hand. Wenn das Quellenlandprinzip für die Besteuerung der Kapitaleinkommen weltweit gilt, dann ist es für ein einzelnes Land nicht ratsam, Quellensteuern auf Kapitaleinkommen oder Körperschaftsteuern auf Erträge der Investitionen im Inland zu erheben. Wenn solche Steuern existieren, dann empfiehlt es sich, sie abzuschaffen und gegebenenfalls andere Steuerquellen zu erschließen.

Das gleiche Ergebnis lässt sich letztlich für den Fall ableiten, dass die Ersparnisse statt der Investitionen belastet werden (Huber 1997). Wenn gemäß dem Wohnsitzlandprinzip die Erträge des Sparens unabhängig davon besteuert werden, wo sie erwirtschaftet werden, dann lässt sich die obige Schlussfolgerung zwar nicht ziehen; die Besteuerung ist in diesem Fall für ein Land nicht ineffizient. Eine Besteuerung nach dem Wohnsitzlandprinzip begegnet aber in der Praxis vielen Schwierigkeiten. Ein Wohnsitzland kann Steuern auf im Ausland entstehendes Einkommen nicht leicht durchsetzen. Dies ist unmittelbar einsichtig bei persönlichen Steuern auf Erträge aus Portfolioinvestitionen (fehlende oder unvollkommene Bereitschaft der Steuerpflichtigen zur Deklaration der Erträge, unzureichende Information durch Steuerbehörden im Ausland). Es gilt aber auch bei Körperschaftsteuern. Hier sind die einbehaltenen Gewinne aufgrund internationaler Vereinbarungen häufig von vornherein steuerfrei; repatriierte Gewinne werden im Inland oft nur in Höhe der Differenz zwischen inländischem und ausländischem Steuersatz belastet. Eine Besteuerung nach dem Wohnsitzlandprinzip ist normalerweise nicht durchsetzbar; sie ist als Besteuerung nur der Erträge der Ersparnis im Inland für ein einzelnes Land ineffizient (Huber 1997; vgl. auch Sørensen 2000: 433). Bei Kapitalmobilität führt Steuerwettbewerb daher

---

[78] Zur Darstellung der Argumentation vgl. z.B. Sinn (1997b, 1997c) und Huber (1997). Es wird an dieser Stelle davon abgesehen, dass der Kapitaleinsatz Infrastruktur- und/oder Ballungskosten verursachen kann. Wenn dies der Fall ist, dann ist es für das einzelne (kleine) Land optimal, den Steuersatz auf die entsprechenden Grenzkosten zu senken; es bleibt optimal, dem mobilen Faktor keinen Nettobeitrag zur Finanzierung anderer Staatsaktivitäten abzuverlangen (Sinn 1997a, 1997b: 681).

tendenziell auch bei formaler Gültigkeit des Wohnsitzlandprinzips zu einem Steuersenkungswettlauf.

Tabelle 5:
Nominale Steuersätze in ausgewählten Ländern (Prozent)

	1979	1990	1999	2001	2002
		Nominaler Körperschaftsteuersatz			
Deutschland	56	50	40	25	25
Frankreich	50	37	33,3	33,3	33,3
Dänemark	–	40	32	30	30
Niederlande	48	35	35	35	34,5
Vereinigtes Königreich	52	34	30	30	30
Japan	40	37,5	30	30	30
Vereinigte Staaten	46	34	35	35	35
	Unternehmensteuersatz einschl. Zuschlägen und kommunaler Steuern				
Deutschland	62,2/45	57,7/45,9	51,6/42,8	38,7	38,7
Frankreich	50	37/42	40	36,4	35,4
Dänemark	–	40	32	30	30
Niederlande	–	35	35	35	34,5
Vereinigtes Königreich	52	34	30	30	30
Japan	52,6/46,0	50,9	40,9	40,9	40,9
Vereinigte Staaten	49,6	38,4	39,3	40,8	39,9

Quelle: Bond und Chennells (2000); Leibfritz et al. (2000); BMF (2001, 2002b: 14–15).

6.2.4.3 Gibt es ein „race to the bottom"?

Fraglich ist, ob ein „race to the bottom" tatsächlich stattfindet.[79,80] Die Körperschaftsteuersätze, um die es bei der Diskussion über den Steuersenkungswettlauf vor allem geht, sind tatsächlich seit dem Ende der siebziger Jahre in fast allen

79 Vgl. hierzu Büttner (2001), Sørensen (2000), Bond und Chennells (2000) und Chennells und Griffith (1997). Die makroökonomischen Effekte des Wettbewerbs bei der Kapitaleinkommensbesteuerung in der Europäischen Union werden von Mendoza und Tesar (2004) in einem neoklassischen dynamischen Modell des allgemeinen Gleichgewichts untersucht.

80 Bei der Beurteilung der Attraktivität eines Standorts kommt es letztlich auf die effektive Steuerbelastung der Unternehmen an; diese hängt außer vom Steuersatz von der Abgrenzung der Bemessungsgrundlage (z.B. den Abschreibungsregeln) sowie davon ab, ob es andere ertragsabhängige oder sonstige Steuern gibt. Zu einer Beurteilung der Auswirkungen der Steuerreform in Deutschland auf die Investitionstätigkeit und die Standortqualität vgl. Sachverständigenrat (2001).

Ländern der EU (und in anderen Industrieländern) gesunken (Tabelle 5). Die Relation der Steuern auf „corporate income“ (in der Abgrenzung der OECD) zum Bruttoinlandsprodukt hat aber im Zeitraum 1980–2000 in nur wenigen der ausgewählten Länder (Deutschland, Japan, Vereinigte Staaten) abgenommen (Tabelle 6); in der EU insgesamt ist sie – ebenso wie der Anteil der Steuern auf

Tabelle 6:
Aufkommen der Steuern auf Gewinne und Vermögen der Körperschaften[a] in Relation zum Bruttoinlandsprodukt und zum gesamten Steueraufkommen in der Europäischen Union, in Japan und in den Vereinigten Staaten (Prozent)

	Jahr	Bruttoinlands-produkt	Steuerauf-kommen
Belgien	1980	2,2	5,1
	1990	2,4	5,5
	2000	3,7	8,1
Dänemark	1980	1,4	3,2
	1990	1,5	3,2
	2000	2,4	4,9
Deutschland	1980	2,0	5,5
	1990	1,7	4,8
	2000	1,8	4,8
Finnland	1980	1,4	4,0
	1990	2,1	4,7
	2000	5,5	11,8
Frankreich	1980	2,1	5,1
	1990	2,3	5,3
	2000	3,2	7,0
Griechenland	1980	0,9	3,8
	1990	1,6	5,5
	2000	4,4	11,6
Irland	1980	1,4	4,5
	1990	1,7	5,0
	2000	3,8	12,1
Italien	1980	2,4	7,8
	1990	3,9	10,0
	2000	3,2	7,5
Luxemburg	1980	6,6	16,4
	1990	6,4	15,8
	2000	7,4	17,7

Tabelle 6:
fortgesetzt

	Jahr	Bruttoinlands-produkt	Steuerauf-kommen
Niederlande	1980	2,9	6,6
	1990	3,2	7,5
	2000	4,2	10,1
Österreich	1980	1,4	3,5
	1990	1,4	3,6
	2000	2,1	4,7
Portugal	1980	.	.
	1990	2,3	8,0
	2000	4,2	12,2
Schweden	1980	1,2	2,5
	1990	1,7	3,1
	2000	4,1	7,5
Spanien	1980	1,2	5,1
	1990	2,9	8,8
	2000	3,0	8,6
Vereinigtes Königreich	1980	2,9	8,4
	1990	4,1	11,2
	2000	3,7	9,8
EU-15[b]	1980	2,1	5,8
	1990	2,6	6,8
	2000	3,8	9,2
Japan	1980	5,5	21,8
	1990	6,5	21,6
	2000	3,6	13,5
Vereinigte Staaten	1980	2,9	10,8
	1990	2,1	7,7
	2000	2,5	8,5

[a]„Corporate income" in der Abgrenzung der OECD. – [b]Ungewogener Durchschnitt.

Quelle: OECD (2002a: 79).

„corporate income" am gesamten Steueraufkommen – deutlich gestiegen. Der Reduktion der Steuersätze stand offenbar eine Verbreiterung der Bemessungsgrundlage gegenüber (vgl. auch Bond und Chennells 2000: 52; Büttner 2001; Sørensen 2000: 436–437); dabei geht es insbesondere um die Abschreibungsregeln und um die Bewertungsvorschriften. Insgesamt gibt es insoweit allenfalls schwache Indizien für einen Steuersenkungswettlauf in der EU.

Es wird argumentiert (Sørensen 2002: 34), dass die Relation der Steuern auf „corporate income" zum Bruttoinlandsprodukt infolge des Steuerwettbewerbs nach unten tendiere und nur deshalb stabil geblieben oder gar gestiegen sei, weil der Anteil der Gewinne am Bruttoinlandsprodukt in vielen Ländern Europas zugenommen habe und weil zudem die Bedeutung der Kapitalgesellschaften, deren Gewinne der Körperschaftsteuer unterliegen, im Vergleich zu der der Einzelunternehmen und der Personengesellschaften gestiegen sei. Die von diesen Einflüssen bereinigte Relation der Steuern auf „corporate income" zum Bruttoinlandsprodukt sei gesunken, ganz im Sinne der These vom „race to the bottom".

Diese Argumentation ist insgesamt wenig überzeugend. Die Gewinnquote ist zwar konjunkturabhängig, sie war aber in der EU im Jahr 2000 vermutlich nicht größer als in den gewählten Vergleichsjahren 1980 und 1990, weil die Kapazitätsauslastung ähnlich hoch wie damals war. Darauf deutet der Output Gap (die relative Abweichung des realen Bruttoinlandsprodukts vom Produktionspotential) hin. Eine veränderte Struktur der Unternehmen nach Rechtsformen könnte freilich für Deutschland einen gewissen Einfluss haben; hier hat die relative Bedeutung der Kapitalgesellschaften im Zeitablauf zugenommen.

Um die These eines „race to the bottom" zu stützen, wird geltend gemacht, dass ein weiterer Einfluss die Aussagekraft der Relation der Steuern auf „corporate income" zum Bruttoinlandsprodukt verzerre: Unternehmen verlagerten Gewinne durch die Gestaltung der Transferpreise in Niedrigsteuerländer, so dass die Relationen für diese Länder trotz Vorliegens des „race to the bottom" nicht sinken. Diese Argumentation überschätzt freilich die Gestaltungsmöglichkeiten international agierender Unternehmen stark. Im Übrigen würde eine solche Verlagerung die Relationen für die Hochsteuerländer reduzieren.

Zu beachten ist freilich Folgendes: Eine nicht veränderte Entwicklung der Steuern auf „corporate income" zeigt nicht notwendigerweise an, dass Steuerwettbewerb nicht oder kaum besteht. Es könnte sein, dass die Steuerquote insgesamt gestiegen ist und dass sich dabei die Belastung hin zu den Steuern auf Arbeitseinkommen (bzw. auf Einkommen immobiler Faktoren ganz allgemein) verlagert hat. Dies ist allerdings kaum der Fall.

Global zeigt sich, dass sich der Anteil der Steuern auf „corporate income" am gesamten Steueraufkommen, in dem sich der intensivierte Wettbewerb niederschlagen müsste, nicht nennenswert anders entwickelt hat als die Relation der Steuern auf „corporate income" zum Bruttoinlandsprodukt. Im Detail erweist sich, dass die – in Relation zum Bruttoinlandsprodukt gemessene – Belastung durch andere Steuern als die auf „corporate income" – anders als die These vom „race to the bottom" erwarten lässt – nicht deutlich gestiegen ist. Die Belastung durch Steuern auf das persönliche Einkommen hat sich im Zeitraum 1980–2000 nur wenig verändert (Tabelle 7). Hingegen hat die Belastung durch Sozialversicherungsbeiträge in dem gleichen Zeitraum zugenommen; die relative Zunahme der Beiträge war aber insgesamt gering (Tabelle 8).

Tabelle 7:
Steueraufkommen (einschließlich Sozialversicherungsbeiträge) nach Steuerarten in Relation zum Bruttoinlandsprodukt in der Europäischen Union, in Japan und in den Vereinigten Staaten 1980–2000 (Prozent)

	1980	1990	1995	1996	1997	1998	1999	2000
Steuern auf persönliches Einkommen								
EU-15[a]	11,1	11,1	10,9	10,9	10,7	10,8	10,9	10,9
Japan	6,1	8,1	5,9	5,6	5,7	5,2	4,8	5,6
Vereinigte Staaten	10,5	10,1	10,0	10,5	11,0	11,7	11,8	12,6
Steuern auf Gewinne und Vermögen der Körperschaften								
EU-15[a]	2,1	2,6	2,7	3,1	3,4	3,5	3,5	3,8
Japan	5,5	6,5	4,2	4,6	4,2	3,7	3,4	3,6
Vereinigte Staaten	2,9	2,1	2,6	2,7	2,7	2,6	2,4	2,5
Sozialversicherungsbeiträge								
EU-15[a]	10,2	11,0	11,6	11,6	11,7	11,3	11,3	11,4
Japan	7,3	8,7	10,0	10,2	10,3	9,9	9,7	9,9
Vereinigte Staaten	5,9	6,9	6,9	6,9	6,8	6,8	6,9	6,9
Sonstige Steuern								
EU-15[a]	12,6	14,8	14,8	15,0	15,1	15,3	15,8	15,5
Japan	6,2	6,8	7,6	7,2	7,8	8,1	8,2	8,0
Vereinigte Staaten	7,7	7,6	8,1	7,8	7,8	7,8	7,8	7,6
Steuern insgesamt								
EU-15[a]	36,0	39,5	40,0	40,6	40,9	40,9	41,5	41,6
Japan	25,1	30,1	27,7	27,6	28,0	26,9	26,1	27,1
Vereinigte Staaten	27,0	26,7	27,6	27,9	28,3	28,9	28,9	29,6

[a]Ungewogener Durchschnitt.

Quelle: OECD (2001c; 2002a: 73–74, 78–80); eigene Berechnungen.

Die Daten für die Jahre 1980, 1990 und 2000, auf die hier im Wesentlichen abgestellt wird, sind natürlich auch von der jeweiligen konjunkturellen Lage beeinflusst; der Konjunktureinfluss war aber in den drei Jahren nicht so unterschiedlich groß, dass ein Vergleich der Steuerquoten etc. unzulässig wäre.

Die Entwicklung der Steuersätze, der Struktur der Steuereinnahmen und des Steueraufkommens in Relation zum Bruttoinlandsprodukt ist auch deshalb keineswegs ein vollkommener Indikator des Einflusses des Steuerwettbewerbs, weil sie auch andere Einflüsse (wie z.B. demographische Veränderungen oder veränderte Arbeitsmarktverhältnisse) widerspiegelt; sie zeigt aber, dass die Steuern auf mobiles Kapital nach wie vor wesentlich zur Finanzierung öffentlicher Ausgaben beitragen.[81,82]

Tabelle 8:
Sozialversicherungsbeiträge in Relation zum Bruttoinlandsprodukt und zum gesamten Steueraufkommen in der Europäischen Union, in Japan und in den Vereinigten Staaten 1980, 1990 und 2000 (Prozent)

	Jahr	Bruttoinlands-produkt	Steuerauf-kommen
Belgien	1980	12,3	28,9
	1990	14,3	33,2
	2000	14,1	30,9
Dänemark	1980	0,8	1,8
	1990	1,4	3,1
	2000	2,2	4,6
Deutschland	1980	12,9	34,3
	1990	13,4	37,5
	2000	14,8	39,0
Finnland	1980	7,0	19,4
	1990	9,7	21,7
	2000	12,0	25,6
Frankreich	1980	17,4	42,7
	1990	18,9	44,1
	2000	16,4	36,1
Griechenland	1980	7,9	32,9
	1990	8,9	30,2
	2000	11,4	30,1
Irland	1980	4,5	14,3
	1990	5,0	14,8
	2000	4,2	13,6
Italien	1980	11,6	38,0
	1990	12,8	32,9
	2000	11,9	28,5

81 Zu einer ähnlichen Einschätzung gelangt auch Lorz (2003: 84).

82 Zur allgemeinen Entwicklung der Steuersysteme einiger wichtiger Länder vgl. Bach et al. (2001).

Tabelle 8:
Fortsetzung

	Jahr	Bruttoinlands-produkt	Steuerauf-kommen
Luxemburg	1980	11,7	29,1
	1990	11,0	27,1
	2000	10,7	25,6
Niederlande	1980	16,6	38,1
	1990	16,1	37,4
	2000	16,1	38,9
Österreich	1980	12,3	30,9
	1990	13,3	32,9
	2000	14,9	34,2
Portugal	1980	7,1	29,5
	1990	7,9	27,2
	2000	8,8	25,7
Schweden	1980	13,7	28,8
	1990	14,6	27,2
	2000	15,2	28,1
Spanien	1980	11,2	48,6
	1990	11,8	35,4
	2000	12,4	35,1
Vereinigtes Königreich	1980	5,9	16,7
	1990	6,1	16,7
	2000	6,1	16,4
EU-15[a]	1980	10,2	28,9
	1990	11,0	28,1
	2000	11,4	27,5
Japan	1980	7,3	29,1
	1990	8,7	29,0
	2000	9,9	36,5
Vereinigte Staaten	1980	5,9	21,9
	1990	6,9	25,9
	2000	6,9	23,3

[a]Ungewogener Durchschnitt.

Quelle: OECD (2002a: 80).

6.2.4.4 Ist eine Harmonisierung angebracht?

Die Indizien für einen Steuersenkungswettlauf sind sehr schwach. Dazu trägt bei, dass Kapital nicht vollkommen mobil ist.[83] Es stellt sich gleichwohl die Frage, ob bei hoher bzw. sich verstärkender Kapitalmobilität angesichts eines drohenden Steuersenkungswettlaufs eine Steuerharmonisierung sinnvoll ist. Um diese Frage zu beantworten, wird im Folgenden untersucht, wie sich ein intensivierter Steuerwettbewerb der Staaten – gegebenenfalls gefördert durch den Abbau von Mobilitätsschranken – auswirken würde; dabei wird berücksichtigt, dass die Besteuerung der Kapitaleinkommen mit Staatsleistungen zugunsten des Kapitals (z.B. mit Infrastrukturausstattung) einhergehen kann.

Die Attraktivität eines Landes hängt nicht nur von den Steuersätzen ab, sondern auch von der Infrastruktur, von der das Kapital in einem Land profitiert; dazu mag man neben Straßen, Häfen und Flughäfen auch den Schutz der Eigentumsrechte zählen. Das Infrastrukturangebot kann die Grenzproduktivität des Kapitals erhöhen. In dem Maße, in dem dies der Fall ist, sind Äquivalenzsteuern möglich (Sachverständigenrat 1998). Es gibt insofern eine Untergrenze, unter die die Steuersätze für das Kapitaleinkommen nicht fallen können (Siebert 1990b). Sie ist definiert durch den Wert der Dienste, die der Staat für die Steuerzahler beispielsweise in Form von Infrastruktur erbringt. Die marginalen Infrastrukturkosten stellen das Mindeststeuerniveau dar, das auch dann nicht unterschritten würde, wenn das Kapital vollkommen mobil wäre. Steuerwettbewerb zwischen Regierungen macht demnach ein Infrastrukturangebot durch den Staat nicht notwendigerweise unmöglich.

Steuerwettbewerb könnte zu einer „benefit taxation“ in diesem Sinne führen, nicht zu einer Nullbesteuerung der Kapitaleinkommen. Er könnte durchaus nicht identische oder nicht konvergierende Steuersätze hervorbringen. Politisch verordnete identische Steuersätze wären ineffizient, es sei denn, die Nutzen- und Produktionsfunktionen sind identisch und das Niveau und die Struktur der Staatsausgaben sind überall gleich (Kitterer 1995: 197). Eine „benefit taxation“ als Ergebnis des Wettbewerbs ist grundsätzlich positiv zu bewerten.

Die skizzierte Argumentation gilt uneingeschränkt dann, wenn je Einheit Kapitaleinsatz bestimmte Infrastrukturkosten anfallen, wenn Infrastruktur und Kapital also in fester Relation zueinander eingesetzt werden. Die Argumentation wird komplizierter, wenn nicht bestimmte Mengeneinheiten der Infrastruktur verbraucht werden, sondern die Nutzung der Infrastruktur Kosten verursacht und

[83] Eine Untersuchung für Deutschland ergibt, dass deutsche Investoren ihr Wertpapiervermögen nur in sehr geringem Umfang international diversifizieren. Deutsche Anleger halten einen weit größeren Teil ihres Vermögens in deutschen Wertpapieren, als dies im Vergleich zu den effizienten Portfolios angemessen ist. Sie nehmen dadurch Renditeabschläge bei gleichem Risiko in Kauf (Lapp 2001).

mit einem gewissen Maß an Nutzungsrivalität verbunden ist (vgl. hierzu Sinn 1997c: 17–18). Als Beispiele werden ein Fernstraßensystem und zentralstaatliche Dienstleistungen (Verwaltungsleistungen) genannt. Bei der Bereitstellung entstehen annahmegemäß Produktionskosten, die von den Nutzungskosten zu unterscheiden sind. Zu den Nutzungskosten zählen Überfüllungskosten (congestion costs). In diesem Fall ist es aus Sicht eines Landes optimal, den Steuersatz in Höhe der marginalen „congestion costs“ festzusetzen (Sinn 1997c).

Unter diesen Umständen hängt das Ergebnis davon ab, ob die durchschnittlichen Nutzungskosten bei zunehmender Inanspruchnahme der Infrastruktur fallen oder konstant sind bzw. steigen. Bei sinkenden Nutzungskosten (zunehmenden Skalenerträgen) reicht das Steueraufkommen nicht aus, um die Kosten der Bereitstellung der Infrastruktur zu finanzieren. Es kommt zu einer Unterversorgung mit dem betreffenden öffentlichen Gut, wenn die immobilen Faktoren nicht bereit sind, das Defizit auszugleichen. Die immobilen Faktoren (im Modell nur Arbeit) sind aber bereit, das Budgetdefizit durch Steuern zu finanzieren, wenn die Lohnsumme größer als das Defizit ist; sie sind in diesem Fall dazu bereit, weil sie sich dann besser stellen als bei Verzicht auf die Bereitstellung der Infrastruktur und bei fehlenden Investitionen der Privaten. Es kommt also in diesem Fall nicht zu einer Unterversorgung mit Infrastruktur bzw. allgemein mit öffentlichen Gütern. „Das wahre Problem des Systemwettbewerbs liegt nicht in der Unterversorgung mit öffentlichen Gütern, sondern in den Verteilungsimplikationen“ (Sinn 1997c: 27).

Bei konstanten oder abnehmenden Skalenerträgen entsteht kein Budgetdefizit des Staates. Dieser Fall ist deshalb unproblematisch. Selbst bei Gütern, die bei sinkenden Durchschnittskosten vom Staat angeboten oder bereitgestellt werden, kommt es nicht einmal zu einem Finanzierungsproblem bei der Bereitstellung der Infrastruktur, solange die Lohnsumme groß genug ist. Allerdings stellt sich die Lage in dem Maße anders dar, in dem die Arbeitskräfte international mobil sind. Dies war in der bisherigen Argumentation ausgeschlossen.

Es ist letztlich empirisch zu untersuchen, ob die Fälle, in denen Wettbewerb zu einem (vielleicht nur in verteilungspolitischer Hinsicht) problematischen Ergebnis führt, relevant sind. Dabei zeigt sich, dass viele staatliche Leistungen ähnliche Rivalitätseigenschaften haben wie private Güter. „Die zusätzlichen Kosten, die eine einzelne zuziehende Unternehmung über ihre Steuern tragen muss, sind damit nicht niedriger als jene, die die schon ansässigen Unternehmen tragen“ (BMWi 1994: 66). Es ist in der Realität nicht mit steigenden Skalenerträgen bei der Nutzung öffentlich bereitgestellter Güter zu rechnen (Blankart 1996; 2000: 133). Es wird sogar argumentiert, dass eine Gebühren- und/oder Beitragsfinanzierung in nahezu allen Bereichen möglich ist, in denen der Staat aus ökonomischer Sicht tätig werden sollte (Grossekettler 2000: 26), und dass in Deutschland alle öffentlichen Leistungen mit Erfolg zu Nutzungsgebühren angeboten werden könnten (Grossekettler 2000). Es gebe zwar, was die Allokation der Ressourcen betreffe, eine Reihe von Aufgaben des Staates, die über Zwangsabgaben zu finanzieren seien, solche Aufgaben (wie z.B. der Bau und die Unterhaltung von Innenstadtstraßen, Polizeiaufgaben und Verteidigungsleistungen) erforderten aber nicht eine Finanzierung durch ungebundene Steuern, sondern eine durch zweckmäßig gestaltete Entgelte bzw. Zwangsentgelte (Grossekettler 2000: 32–36).

Gäbe es steigende Skalenerträge, so wäre das modellmäßig abgeleitete Ergebnis der Ineffizienz gleichwohl kein Argument gegen Steuerwettbewerb. Die Ineffizienz des Wettbewerbs wäre nämlich nur als ein Zwischenergebnis im Wettbewerb als Suchprozess anzusehen, nicht als das Ergebnis dieses Prozesses. Die betreffenden Staaten bzw. Regionen würden reagieren, um Effizienz herzustellen (Blankart 2000: 133). Dazu bedarf es aber des Wettbewerbs, eine Intervention im Sinne einer Zentralisierung der Steuerpolitik wäre gerade der falsche Weg (ebenda). Bei Wettbewerb gäbe es eine Tendenz zu Äquivalenzsteuern und anderen Preissetzungsmechanismen, wie sie aus der Regulierungstheorie bekannt sind (Blankart 2000: 134).

Es kommt aus evolutorisch-institutionenökonomischer Sicht im Gegensatz zur neoklassisch-wohlfahrtstheoretischen Sicht demnach nicht darauf an, eine Zentralisierung herbeizuführen, weil der Wettbewerb ruinös bzw. selbstzerstörerisch wirke, sondern darauf, die betreffenden Regionen oder Staaten zu einem effizienten Wettbewerb zu befähigen (Blankart 2000: 135). Wenn trotz alledem die Steuerpolitik – vielleicht sogar auf der Weltebene – zentralisiert wird, dann konkurrieren die Regionen oder Staaten über andere Politikparameter wie z.B. die Ausgabenpolitik oder die Regulierungsintensität auf Produkt- oder Faktormärkten (Blankart 2000: 140).

Wenn die Steuersätze im Wettbewerb um mobile Faktoren gesenkt werden müssen, dann werden Regierungen und Parlamente gezwungen, Staatsausgaben zu reduzieren. Ineffizienzen im öffentlichen Sektor nehmen ab, auch deshalb, weil der Einfluss der Bürokratie und der Interessengruppen kleiner wird; vermutlich sinken die Finanzhilfen zugunsten „strukturschwacher" Branchen. Der Steuerwettbewerb könnte zu verringerter Steuerbelastung und niedrigeren Staatsausgaben führen; dies würde sich positiv auf Wachstum und Beschäftigung auswirken (Heitger 1998). Der Wettbewerb könnte zudem als Entdeckungsverfahren (Hayek 1968) genutzt werden.[84]

84 „Wenn bei der Modellierung des interjurisdiktionellen Wettbewerbs in den Prämissen unterstellt wird, dass die gesamtwirtschaftlich optimale Lösung bei öffentlichen Gütern bereits bekannt ist und zusätzlich die Regierungen ... im Interesse ihrer Bürger handeln (wie beispielsweise in Sinn 1997c), dann ist es wenig verwunderlich, dass zentrale Lösungen, bei denen eine allwissende, wohlmeinende Regierung diese

Häufig wird befürchtet, Steuerwettbewerb führe dazu, dass eine nationale Umverteilungspolitik nicht mehr möglich ist. Die Mobilität des Kapitals und hochqualifizierter Arbeitskräfte gefährde nationale Umverteilungssysteme.[85] Die mit der Umverteilung verbundenen Steuern (einschließlich Sozialversicherungsbeiträge) für hochproduktive Faktoren würden dazu führen, dass diese aus Ländern mit einem großen Maß an Umverteilung abwandern, während Nettoempfänger von Sozialtransfers zuwandern.

Kommt es tatsächlich dazu,[86] so ist dies nicht notwendigerweise von Nachteil. Wenn Umverteilung, die über das System der sozialen Sicherung erfolgt, infolge der im Wettbewerb entstehenden Steuersatzsenkungen unter Druck gerät oder gar aufgegeben werden muss und wenn dadurch die private Versicherung Bedeutung gewinnt, dann ist dies unter Effizienzaspekten nicht nachteilig, sondern vorteilhaft. Generell ist eine Einkommensumverteilung, die vom Staat erzwungen wird, ohne dass ein Konsens aller Bürger darüber besteht, mindestens problematisch.[87]

Eine Reduktion der effizienten Umverteilung wäre dagegen schädlich. Sie ist aber trotz Wettbewerbs nicht zu erwarten. Ein effizientes System der Hilfe für Bedürftige bringt nämlich Nutzen für die Allgemeinheit. Ein steuerfinanziertes System der Sozialhilfe z.B. hat bei adäquater (anreizkompatibler) Ausgestaltung den Charakter einer produktiven Infrastruktur; es ist effizient (Soltwedel 1997). „Das Schutzversprechen des Staates schafft Sicherheit und ermuntert die Bürger, riskante und ertragreiche Lebenschancen vorzunehmen, an die sie sich sonst nicht herangewagt hätten" (Sinn 1995: 246).

Generell haben Individuen einen Anreiz, Umverteilungsregeln gewissen Ausmaßes zuzustimmen. Auch auf der nachkonstitutionellen Ebene[88] werden die Reichen einer gewissen Umverteilung wohl zustimmen. Präferenzen für nicht zu

---

optimale Lösung durchsetzt, gegenüber dezentralen, wettbewerblichen Lösungen überlegen sind. In einer solchen Welt leben wir aber nicht" (Kerber 2000: 184).

85 Zur Beschreibung (und zur Kritik) der Argumentation vgl. Sachverständigenrat (1998: Ziff. 312).

86 Zur Evidenz insbesondere für die Schweiz vgl. Feld und Kirchgässner (1995, 2001b).

87 „Redistribution is desirable if it is voluntary – either in the form of private charity or by way of government transfers based on a general consensus. As economists, we know that giving may be in the interest of the giver and that, owing to externalities or economies of scale, collective giving may be more efficient than individual giving. As long as collective giving is voluntary, it is a Pareto improvement" (Vaubel 1996: 159). "By contrast, if redistribution ... is imposed by the state even though a consensus is lacking, we can no longer be sure that the benefits will outweigh the costs because it is not possible to compare the cardinal utilities of different persons in a scientific way" (ebenda).

88 Rawls (1971) hat eine Theorie der Gerechtigkeit entwickelt, die sich auf Entscheidungen über die Ausgestaltung der Verfassung einer Gesellschaft in einer „Ursituation" bezieht. „Nachkonstitutionell" ist im Blick darauf zu verstehen.

große Ungleichheit der persönlichen Lebensverhältnisse und für Hilfe in Notlagen lassen redistributive Besteuerung zu, wenn die Institutionen tauglich sind, ein Trittbrettfahren der Zahlungspflichtigen unter Kontrolle zu halten. „Soweit sich staatliche Umverteilung in dieser Weise „effizienzorientiert" in den Augen der (großen Mehrheit der) abgabenpflichtigen Bürger bzw. Standortnutzer rechtfertigt, erscheint sie durch die Abwanderungsoption nicht gefährdet" (Windisch 2000: 152–153).

Eine zunehmende Faktormobilität führt nicht dazu, dass Umverteilung nicht mehr möglich ist, sondern dazu, dass unfreiwillige Umverteilung, die auf der Macht von Mehrheiten basiert, erschwert oder unmöglich wird. Auf Konsens (oder qualifizierten Mehrheiten) der Bürger beruhende Umverteilung wird nicht ausgeschlossen. Auch wird eine altruistisch motivierte Umverteilung in keiner Weise beeinträchtigt. Lediglich Umverteilungsmaßnahmen, die nur die Empfänger der Leistungen begünstigen, sind gefährdet und verschwinden bei ausreichend hoher Mobilität der Faktoren (D. Mueller 1998: 179–180). Steuerwettbewerb führt demnach nicht zwangsläufig zu einer Erosion des Sozialstaates, er bedroht nur ineffizient gestaltete Systeme der sozialen Sicherung.[89]

Die Aussage, dass Steuerwettbewerb nicht zwangsläufig zu einer Erosion des Sozialstaates führt, lässt sich belegen. Die Sozialleistungsquoten sind im Zeitraum 1980–1998 in sehr vielen OECD-Ländern gestiegen (Tabelle 9). Selbst in den neunziger Jahren hat die Sozialleistungsquote in vielen Ländern zugenommen.[90] Als bedeutsam für den Anstieg der Sozialleistungsquoten seit 1980 werden die zunehmende Handelsverflechtung und die Kapitalverkehrsliberalisierung in den neunziger Jahren angesehen (Vaubel 2000b). Zur Erklärung der Entwicklung verweist Vaubel auf Maßnahmen einer paretianischen Kompensation derjenigen, die im Integrationsprozess Einkommen einbüßen.[91]

Die Befürchtung, dass Steuerwettbewerb zu einem „race to the bottom" mit den skizzierten Folgen führt, sind unbegründet, wenn Regierungen jene Güter und Dienste bereitstellen, die die Bürger wünschen, und wenn sie zu deren Finanzierung Äquivalenzsteuern verwenden (D. Mueller 1998: 186). Wenn ein Land ineffiziente Umverteilungspolitik betreibt und öffentliche Leistungen ineffizient anbietet bzw. bereitstellt, dann kann es nicht zu Äquivalenzsteuern über-

89 Zu der (grundsätzlichen) Problematik, um die es hier geht, und zu dem Einfluss der Entscheidungsregeln einer Gesellschaft auf Art und Ausmaß der Umverteilung vgl. D. Mueller (1998).

90 In Deutschland hat sich diese Entwicklung fortgesetzt. Die Sozialleistungen in der Abgrenzung des Sozialbudgets sind in Relation zum Bruttoinlandsprodukt von 31,4 Prozent im Jahr 1998 auf 32,1 Prozent im Jahr 2001 gestiegen (BMA 2001).

91 Ohne eine Analyse der Struktur der Sozialleistungen, die hier nicht vorgenommen werden kann, muss offen bleiben, wie sich der Anstieg der Sozialleistungsquoten auf das Wachstum des Produktionspotentials ausgewirkt hat.

gehen; es muss den Steuerwettbewerb fürchten. Steuerharmonisierung ist dann ein Weg, die verfehlte Politik aufrechtzuerhalten; Steuerwettbewerb hingegen würde die Effizienz in allen Politikbereichen erhöhen (ebenda).

Tabelle 9:
Staatliche Sozialleistungen in Relation zum Bruttoinlandsprodukt in den Ländern der Europäischen Union, in der Schweiz, in Norwegen, in Japan und in den Vereinigten Staaten (Prozent)

	1980	1990	1995	1998
Belgien	24,2	24,6	25,1	24,5
Dänemark	29,1	29,3	32,4	29,8
Deutschland	20,3	20,3	26,7	27,3
Finnland	18,5	24,8	31,2	26,5
Frankreich	21,1	26,5	29,0	28,8
Griechenland	11,5	21,6	21,2	22,7
Irland	16,9	19,0	19,6	15,8
Italien	18,4	23,9	23,8	25,1
Luxemburg	23,3	21,7	23,3	22,1
Niederlande	27,3	27,9	25,9	23,9
Österreich	23,3	25,0	27,9	26,8
Portugal	11,6	13,8	17,5	18,2
Schweden	29,0	31,0	33,0	31,0
Spanien	15,8	19,3	20,9	19,7
Vereinigtes Königreich	18,2	21,6	25,8	24,7
Schweiz	15,2	19,8	26,2	28,3
Norwegen	18,6	26,0	27,6	27,0
Japan	10,1	10,8	13,5	14,7
Vereinigte Staaten	13,1	13,4	15,4	14,6

Quelle: OECD (2002b).

Insgesamt drohen die Gefahren, die aus der Argumentation eines „race to the bottom“ abgeleitet werden, nicht. Der Staat bietet in nur geringem Maße, vielleicht sogar überhaupt nicht solche Güter an, bei deren Nutzung der Steuerwettbewerb aufgrund steigender Skalenerträge nach Einschätzung mancher Autoren Probleme bereitet (vgl. S. 103 f.). Die Erosion des Sozialstaates, zu der es kommen kann, ist aus allokativer Sicht nicht unerwünscht; sie betrifft ineffiziente Umverteilungsmaßnahmen. Eine effiziente Umverteilungspolitik wird dagegen durch Steuerwettbewerb nicht gefährdet (vgl. S. 105 f.).

6.2.4.5 Generelle Problematik der Kapitaleinkommensbesteuerung

Die These der Unterbesteuerung von Kapital im Steuerwettbewerb suggeriert, dass in einer geschlossenen Volkswirtschaft eine (verzerrende) Besteuerung von Kapital wünschenswert sei. Tatsächlich sprechen wachstumstheoretische Überlegungen dafür, selbst in einer geschlossenen Volkswirtschaft auf eine verzerrende Besteuerung von Kapitaleinkommen, also z.B. eine Besteuerung von Zinseinkünften der Haushalte, zu verzichten (Huber 1997: 251): „Dieses Argument gilt auch, wenn man Verteilungsgesichtspunkte und die Verzerrungswirkungen anderer Steuern wie z.B. der Lohnsteuer berücksichtigt".

Eine Kapitaleinkommensteuer reduziert im Steady State die Kapitalakkumulation. Dies führt (ebenfalls langfristig) zu einer Schädigung der Arbeitnehmer, weil ein niedrigerer Kapitalstock über eine geringere Grenzproduktivität die Löhne reduziert. Im Wachstumsprozess werden zumindest langfristig Kapitalsteuern immer vollständig in Form niedriger Löhne auf den Faktor Arbeit überwälzt. Die Besteuerung von Kapitaleinkommen ist auf Dauer sowohl für die Kapitaleigner als auch für die Arbeitnehmer nachteilig. Beide Gruppen gewinnen langfristig durch einen Verzicht auf diese Steuer (Huber 1996: 408).

Das schließt nicht aus, dass es sinnvoll sein mag, intramarginale Renten z.B. durch eine Cash-Flow-Steuer zu belasten; es geht bei dem Argument nur um die verzerrende Besteuerung des Kapitaleinkommens (Huber 1997: 251). „Marginale Investitionsobjekte, die durch die traditionelle Kapitaleinkommensbesteuerung verdrängt werden, bleiben bei Cash-Flow-Steuern hinsichtlich der Normalverzinsung des Kapitals steuerfrei" (BMWi 1994: 67). „Jeder Mitgliedstaat hat ein Interesse, eine solche Steuer aus eigenem Antrieb einzuführen, wenn die Mobilität des Kapitals unter seinem gegenwärtigen Steuersystem zu einem Problem wird. Einer europaweiten Koordination bedarf es dann nicht" (ebenda).

6.2.5 Ein raumwirtschaftlicher Ansatz zur Beurteilung der Steuerharmonisierung

Baldwin und Krugmann (2000) attackieren die These vom „race to the bottom" aus einem raumwirtschaftlichen Blickwinkel. Sie stellen die Annahme in Frage, dass sich Unternehmen wenig darum scheren, welche anderen Unternehmen in dem potentiellen Produktionsstandort aktiv sind. Sie postulieren, dass Kapital von Agglomerationsvorteilen einer Region profitiert. So gebe es Agglomerationsvorteile im Kern der EU, der sich aus Frankreich, Deutschland, Italien und den Benelux-Staaten zusammensetze, nicht aber in der Peripherie, die aus Portugal, Spanien und Irland bestehe. Der Kern der EU könne wegen der Agglomerationsvorteile höhere Steuersätze auf Kapitaleinkommen als die Peripherie festsetzen, ohne dass Kapital abwandere.[92]

Wenn ein einheitlicher Satz für alle Länder beschlossen würde, der etwa dem Durchschnitt aller Sätze entspreche, dann wäre dies nachteilig für beide Ländergruppen. Die Peripherie hätte Schaden infolge des erhöhten Steuersatzes – auch insofern, als sie Unternehmen verlöre, die nicht von der Agglomeration profitieren. Die Kernländer müssten die Steuern und die öffentlichen Ausgaben senken, obwohl die Steuersätze sich angesichts der Agglomerationsvorteile als angemessen erwiesen hätten.

6.2.6 Vorteile der Steuersatzunterschiede

Eine Steuerharmonisierung erweist sich gemäß den obigen Ausführungen als nicht erforderlich. Unterschiedliche Steuersätze sind aber nicht nur nicht schädlich, sie sind auch vorteilhaft (Vaubel 2001: 58–59).

Das für ein Land optimale Volumen an Staatseinnahmen hängt vom optimalen Volumen der Ausgaben ab. Dieses wiederum hängt von der Nachfrage nach öffentlichen Gütern und nach Umverteilung ab, die bestimmt wird von der Altersstruktur, dem Pro-Kopf-Einkommen, der Bevölkerungsdichte und anderen Faktoren. Diese Determinanten variieren von Land zu Land (Vaubel 2001).

Bei gegebenem Finanzbedarf ist der Steueranteil an den gesamten Einnahmen relativ zum Anteil der Neuverschuldung abhängig vom optimalen Volumen der öffentlichen Investitionen insbesondere in die Infrastruktur (Vaubel 2001). Dieses Volumen wiederum wird bestimmt u.a. vom Klima und von geographischen Gegebenheiten. Diese Determinanten variieren international.

Bei einem gegebenen Ausmaß an Steuereinnahmen variiert die optimale Steueraufkommensstruktur zwischen den Ländern. Sie hängt u.a. von der Steuermentalität ab, also davon, wie die Finanzbehörden die gesetzlichen Vorschriften anwenden und die Bürger diese interpretieren. Eine erhebungstechnisch komplizierte Einkommensteuer mag für verschiedene Länder unterschiedlich gut geeignet sein.

Bei einheitlicher Struktur des Aufkommens variieren die im Sinne der Lehre von der „optimal taxation“ optimalen Steuersätze (vgl. hierzu z.B. Blankart 2001a oder Homburg 1997). Sie hängen von den Angebots- und Nachfrageelastizitäten auf den relevanten Märkten ab. Für die einzelnen Länder sind unterschiedliche Sätze optimal.

---

92 Zur Evidenz der Baldwin-Krugmann-Hypothese vgl. De Stefani und Jaramillo (2001).

Steuern, die (wie z.B. die Alkoholsteuer (Branntweinabgabe) und die Treibstoffsteuer) negative Konsumexternalitäten internalisieren sollen, müssen je nach Problemlage in den einzelnen Ländern verschieden sein. Dabei sind z.B. die Präferenzen, das Klima und der Motorisierungsgrad bedeutsam.

Zu bedenken ist auch der dynamische Aspekt der Problematik. Nur bei Zulässigkeit einer unterschiedlichen Besteuerung kann ein Land autonom auf veränderte Bedingungen reagieren.

Unterschiede in der Besteuerung sind keine Verzerrungen. Sie reflektieren unterschiedliche Präferenzen und Ausstattungen mit Ressourcen. Sie sind Teil der komparativen Vorteile eines Landes oder einer Region. „Steuern sind ein Standortfaktor wie Löhne, Sozialabgaben und Transportkosten ... die Steuerharmonisierung ... verstößt eklatant gegen marktwirtschaftliche Grundsätze" (Wittmann 2001: 85). Nicht Steuersatzunterschiede, sondern Maßnahmen zu deren Annäherung schaffen ökonomische Verzerrungen (Vaubel 2001).

6.2.7 Zur steuerpolitischen Diskussion in der Europäischen Union

6.2.7.1 Vorbemerkungen

Trotz der Nachteile einer Steuerharmonisierung gibt es in der EU in Einzelbereichen der Einkommensbesteuerung starke Harmonisierungsbestrebungen und intensive Bemühungen um einen „fairen" Steuerwettbewerb. Was die Kapitaleinkommensbesteuerung betrifft, so existieren Beschlüsse zur Zinsbesteuerung sowie Beschlüsse zu einem Verhaltenskodex zur Unternehmensbesteuerung; hinzu kommen Überlegungen der EU-Kommission zur Änderung der Bemessungsgrundlage der Körperschaftsteuer. Die folgenden Ausführungen befassen sich zunächst mit der Diskussion über die Zinsbesteuerung.[93] Danach werden die Pläne der Kommission bezüglich der Unternehmensbesteuerung skizziert und ansatzweise gewürdigt.

6.2.7.2 Die Zinsbesteuerung

Einen Vorschlag zur Zinsbesteuerung hatte die EU-Kommission im Jahr 1998 unterbreitet. Danach sollten die EU-Länder entweder (mit einem Steuersatz von mindestens 20 Prozent) eine Quellensteuer auf Zinserträge (einschließlich der Erträge von Nullkouponanleihen und Eurobonds) erheben, die Ausländern aus

---

93 Im Rahmen der sonstigen Maßnahmen wird der internationale Steuerwettbewerb bekämpft, indem Niedrigsteuerstaaten als so genannte „nicht-kooperative Staaten" gebrandmarkt werden (Blankart 2001b: 224).

EU-Ländern zufließen,[94] oder die Steuerbehörden des Wohnsitzlandes des Zinsempfängers über die Zinserträge informieren („Koexistenzmodell").

Der Vorschlag zielte darauf ab, in der EU in einem Teilbereich der Einkommensbesteuerung das Wohnsitzlandprinzip zu verwirklichen. Die Besteuerung der Kapitaleinkommen nach dem Wohnsitzlandprinzip (Welteinkommensprinzip) ist als internationales Prinzip effizient, wenn sie durchsetzbar ist;[95] Anlageentscheidungen werden dann nämlich – bezogen auf den EU-Raum – steuerlich unverzerrt getroffen, weil ausländische Erträge der Inländer derselben Belastung wie inländische Erträge unterliegen (BMF 1999).

Eine Kapitaleinkommensbesteuerung bedeutet aber, dass die Ersparnis diskriminiert wird. Käme es in den Ländern der EU mit der Verwirklichung des Vorschlags der Kommission zu einer im Durchschnitt verschärften Zinsbesteuerung, so nähme die Diskriminierung der Ersparnis zu. Die Realisierung des Vorschlags bedeutete dann einen Schritt weg von einer Konsumbesteuerung, die der existierenden Einkommensbesteuerung grundsätzlich vorzuziehen ist. Zwar führt eine Konsumsteuer auch zu Verzerrungen wirtschaftlicher Entscheidungen, die Kapitalbildung wird aber nicht bestraft; eine Konsumsteuer diskriminiert nicht zugunsten des Gegenwartskonsums (vgl. z.B. Blankart 2001a: Kapitel 11 und 15). Nachteile brächte die Verwirklichung des EU-Vorschlags auch insofern, als Nicht-EU-Länder häufig anders und niedriger besteuern mit der Folge, dass Kapital in diese Länder abwanderte. Zudem könnte es zu Verlagerungen des Wohnsitzes aus der EU heraus kommen.

Es war von Anfang an zweifelhaft, ob der Kommissionsvorschlag beschlossen würde; denn alle Länder hätten zustimmen müssen, damit er angenommen wird. Luxemburg verwies auf ein Junktim zur Neuregelung der Dividendenbesteuerung und zur Behandlung der Steueroasen; anderen Ländern war der vorgeschlagene Steuersatz (20 Prozent) zu hoch. Streit über die Verteilung des zusätzlichen Steueraufkommens, wenn es denn entsteht, war zu erwarten. Die Einführung des Modells der Mindestbesteuerung bedeutete zudem, dass ein Land, in dem Ausländer Zinsen erwirtschaften, die anderen Länder (die Wohnsitzländer) ausbeuten kann; denn eine erhöhte Belastung der Zinserträge im Quellenland würde gegen die sich im Wohnsitzland ergebende Steuerschuld aufgerechnet. Es war wenig wahrscheinlich, dass diese Konsequenz von allen Ländern akzeptiert würde;

---

94 Zu den Unterschieden der Steuersätze für verschiedene Formen der Zinserträge von Inländern bzw. Gebietsfremden vgl. BMF (2001: 54–55; 2002b: 24–25).

95 Andernfalls ist sie – wie oben erläutert – so zu beurteilen wie eine Quellenlandbesteuerung, die einem Land Steuersatzsenkungen nahe legt, damit es im Wettbewerb um mobiles Kapital bestehen kann. Der Argumentation liegen vereinfachende Annahmen zugrunde; insbesondere wird von der Ausgabenseite des Staatsbudgets abstrahiert.

sie würde teilweise oder ganz vermieden, wenn im Zuge einer Harmonisierung der durchschnittliche Steuersatz auf Zinserträge erhöht würde.

Schließlich ist zu bedenken, dass ein einzelnes Land eine Mindeststeuer auf die Erträge der privaten Ersparnis durch eine Änderung der Unternehmensbesteuerung unterlaufen kann (Huber 1997: 254). Wenn infolge einer erzwungenen Quellensteuer die Kapitalkosten steigen, dann ist es für dieses Land optimal, den Rückgang der Investitionen im Inland z.B. durch die Einführung günstigerer Abschreibungsregelungen zu vermeiden. Die Investitionsnachfrage nimmt zu. Die Mehreinnahmen aus der Quellensteuer reichen aus, um die Kapitalsubventionierung zu finanzieren (ebenda). Der Zweck der Quellensteuer wird also nicht erreicht.

Im Juni 2000 kam es in Feira zu Vereinbarungen der Staats- und Regierungschefs (Kischel 2001). Sie beinhalten letztlich die Einführung eines Informationsaustauschs als Grundlage der Besteuerung der Zinserträge von Nichtansässigen. In der Phase bis zu dessen Einführung (spätestens sieben Jahr nach Inkrafttreten der betreffenden Richtlinie) sollen die Mitgliedstaaten entweder einander Auskünfte über die Zinserträge erteilen oder eine Quellensteuer erheben (Koexistenzmodell); bei Quellensteuererhebung sollen die Wohnsitzländer einen angemessenen Teil des Steueraufkommens erhalten.

Das Inkrafttreten der Neuregelung war in Feira davon abhängig gemacht worden, dass die Vereinigten Staaten und andere Drittstaaten (Schweiz, Liechtenstein, Monaco, Andorra, San Marino) bezüglich der Besteuerung der Zinserträge der Ausländer „gleichwertige Maßnahmen" ergreifen. Die Neuregelung setzte damit u.a. voraus, dass die Schweiz sich bereit erklärt, einen Informationsaustausch für Nichtansässige einzuführen. Die Schweiz hatte jedoch „signalisiert, dass sie das Bankgeheimnis beibehalten will" (Feld und Kirchgässner 2001a: 22). Die Schweiz war nur bereit, für die Mitgliedstaaten der EU Steuern auf in der Schweiz ausgezahlte Zinserträge natürlicher Personen mit Wohnsitz in einem EU-Land einzutreiben und die Steuereinnahmen an die EU oder an das jeweilige EU-Land auszuzahlen (*Neue Zürcher Zeitung* 2002). Es war demnach fraglich, ob die Vereinbarungen von Feira Ende des Jahrzehnts voll wirksam sein werden.

Mittlerweile ist die so genannte EU-Zins-Richtlinie verabschiedet worden (*Börsen-Zeitung* 2003: 6). Sie sieht vor, dass ab Januar 2005 zwölf EU-Staaten per Kontrollmitteilungen der Banken einen Informationsaustausch für Zinserträge von Nichtgebietsansässigen aus EU-Ländern einführen, während drei Staaten (Luxemburg, Belgien und Österreich) eine Quellensteuer auf solche Zinserträge erheben. Die Quellensteuer soll in den Jahren von 2005 bis 2007 15 Prozent betragen, im Jahr 2008 auf 20 Prozent angehoben werden und im Jahr 2010 auf 35 Prozent erhöht werden (*Neue Zürcher Zeitung* 2003d: 14). „Drei Viertel des Steueraufkommens müssen an die Heimatstaaten der Konteninhaber weitergeleitet werden" (*Frankfurter Allgemeine Zeitung* 2003: 13). Das Inkrafttreten der

Richtlinie zu Beginn des Jahres 2005 steht „unter dem Vorbehalt, dass die Schweiz und weitere Drittstaaten ein Rahmenabkommen mit der EU über ‚gleichwertige Maßnahmen' unterzeichnen" (ebenda).

Der Kompromiss zur Zins-Richtlinie entspricht de facto dem von der Europäischen Kommission vorgeschlagenen Koexistenzmodell (*Neue Zürcher Zeitung* 2003b: 9). Es sollen jetzt mit den so genannten Drittstaaten Abkommen vereinbart werden, in denen sich die Drittstaaten verpflichten, äquivalente Maßnahmen einzuführen.[96]

Die Zinsbesteuerung ist aus allokativer Sicht (wegen der Mehrbelastung des Zukunftskonsums) und aus verteilungspolitischer Sicht problematisch (Blankart 2001b). „Umso mehr erscheint es fragwürdig, diese Steuer mit Hilfe eines zwischenstaatlichen Meldesystems zum Schutz der Steuererträge der Mitgliedstaaten durchsetzbar zu machen. Die Nachteile dieses Protektionismus können sehr wohl höher sein als der Nutzen dieser Maßnahme" (Blankart 2001b: 224). Zu bedenken ist auch, dass eine gemeinsame Zinsbesteuerung ein Präzedenzfall wäre. Es könnte – mit der Begründung einer (vermeintlichen) Konsistenz der Besteuerung der einzelnen Einkommenskategorien – zu einer harmonisierten Dividendenbesteuerung und sogar zu einer Harmonisierung der Einkommen- und der Körperschaftsteuer kommen (Blankart 2001b: 225).

6.2.7.3 Zum Vorschlag der EU-Kommission zur Unternehmensbesteuerung

Die Kommission der EU hat im Oktober 2001 eine Strategie vorgelegt, mit der eine einheitliche Unternehmensbesteuerung im Binnenmarkt erreicht, insbesondere eine konsolidierte Körperschaftsteuerbemessungsgrundlage für die EU-weiten Aktivitäten von Unternehmen geschaffen werden soll (J.M. Mueller 2001). Grundlage der Mitteilung ist eine Studie über das Niveau der Unternehmenssteuern in den Mitgliedstaaten der EU und über die Hindernisse für grenzüberschreitende Aktivitäten (Kommission 2001b).

Die Kommission hält es – jedenfalls mittelfristig – für notwendig,

- Unternehmen bei der Körperschaftsteuer eine konsolidierte Bemessungsgrundlage für EU-weite Aktivitäten anzubieten,
- einen angemessenen Mechanismus zur Verteilung der Körperschaftsteueraufkommen auf Mitgliedsstaaten zu entwickeln und
- den Mitgliedsstaaten das Recht zu belassen, die Körperschaftsteuersätze autonom festzusetzen (J.M. Mueller 2001: 1117).

---

96 Zu den Verhandlungen mit der Schweiz vgl. *Neue Zürcher Zeitung* (2003d: 14).

Gäbe es eine konsolidierte Bemessungsgrundlage, so könnten grenzüberschreitend tätige Unternehmen die Einkommen aller Betriebsteile anhand eines einzigen Regelwerks berechnen und für steuerliche Zwecke konsolidierte Bilanzen erstellen; Transferpreise spielten EU-intern keine Rolle mehr. So ließen sich Verwaltungskosten vermeiden. Es bedürfte dann freilich eines Schlüssels zur Aufteilung der konsolidierten Bemessungsgrundlage auf die einzelnen EU-Länder;[97] andernfalls könnten einzelne Länder nicht mehr autonom ihre Steuersatzpolitik verwirklichen.

Der Vorschlag der Kommission kann hier nicht im Einzelnen bewertet werden. Es folgen nur einige grundlegende Anmerkungen:

Erstens: Die Besteuerung der Unternehmen wird in der Studie der Kommission isoliert von staatlichen Leistungen diskutiert und beurteilt.

Zweitens: Wenn sich auf dieser Basis anhand der effektiven Steuersätze, die Unterschiede bei der Abgrenzung der Bemessungsgrundlagen berücksichtigen, erweist, dass diese sich vor allem wegen der Steuersatzdifferenzen unterscheiden, dann erscheint es fragwürdig, eine Harmonisierung der Bemessungsgrundlagen der Körperschaftsteuern vorzuschlagen (Mintz 2002). Der Bericht der Kommission belegt die Vorteile der Harmonisierung und der Vereinfachung der Berechnung der Bemessungsgrundlagen unzureichend; es wird nicht deutlich, dass die Bemessungsgrundlagen sehr verschieden sind (Mintz 2002: 4).

Drittens: Bei einer Harmonisierung der Bemessungsgrundlagen wird der Steuerwettbewerb beeinträchtigt. Wenig überzeugend ist die Einschätzung (Herzig 2001), eine zwischenstaatliche Harmonisierung oder Koordinierung der Steuerbemessungsgrundlagen schränke den zwischenstaatlichen Steuerwettbewerb keinesfalls ein; vielmehr nähme die Transparenz zu, so dass erst „die volle Entfaltung der Wettbewerbskräfte bei den Steuersätzen“ möglich werde.

6.3 Schlussfolgerungen

Erhält die EU Steuerhoheit, so wird vermutlich die Steuerbelastung steigen. Mit ihr dürften die öffentlichen Ausgaben zunehmen; jedenfalls wäre es weniger wahrscheinlich, dass wenig produktive Ausgaben (insbesondere Subventionen) gekürzt werden. Das Produktionspotential in den einzelnen Ländern der EU und in der EU insgesamt würde geringer ausfallen, wenn eine EU-Steuer eingeführt würde.

---

97 Zu einzelnen Aspekten vgl. BMF (2002a: 57–60).

Wettbewerb hilft, bessere Lösungen wirtschaftspolitischer Probleme zu finden. Der Wettbewerb der Regierungen (der politischen Anbieter in den einzelnen Ländern) kann grundsätzlich in der gleichen Weise zu besseren wirtschaftlichen Ergebnissen und zum Lernen voneinander führen wie der Wettbewerb zwischen Unternehmen. Der Wettbewerb könnte sich im Sinne von Hayek als Entdeckungsverfahren auch bei der Gestaltung der Finanzpolitik erweisen, indem er zu einem besseren Steuersystem führt.[98]

Fehlentscheidungen der Steuerpolitik (und der Wirtschaftspolitik überhaupt) sind bei dezentral organisierter Politik weniger teuer als bei harmonisierter oder gar vereinheitlichter Politik. Sie betreffen nämlich nur einen begrenzten Personenkreis.

Wettbewerb trägt dazu bei, die Staatsausgaben zu begrenzen und das Leistungsangebot des Staates an den Präferenzen der Bürger auszurichten sowie innovativ zu gestalten. Steuerwettbewerb kann als ein Substitut für Verfassungsvorschriften zur Begrenzung der Staatseingriffe angesehen werden (Sinn 1992: 177, Salin 1994: 13). Es wird nicht behauptet, dass Wettbewerb einen Leviathan-Staat zwingt, effizient zu agieren. Es wird aber behauptet, dass es bei Steuerwettbewerb (unter der obigen Einschränkung des Fehlens grenzüberschreitender externer Effekte der Staatsaktivität) eine Tendenz zur Effizienz in diesem Sinne gibt.[99] Der Steuerwettbewerb wird sich umso fruchtbarer erweisen, je mehr es einzelnen Staaten gelingt, die von den Bürgern verlangten Steuerlasten mit den staatlichen Leistungen in Verbindung zu bringen, letztlich also den Äquivalenzgedanken stärker durchzusetzen.

Dagegen würde die Harmonisierung der Steuerpolitik mit großer Wahrscheinlichkeit zu einer erhöhten Steuerbelastung bei höheren Staatsausgaben führen. Das Produktionspotential fiele geringer aus als bei Steuerwettbewerb, weil die Leistungsanreize und die Investitionsbereitschaft stärker beeinträchtigt würden (vgl. hierzu Heitger (1998)). Die Kosten der Administration der Besteuerung (insbesondere für die Unternehmen) sind bei einer Harmonisierung der Bemessungsgrundlagen einer Steuer und umso mehr bei der zusätzlichen Harmonisierung der Steuersätze geringer als bei Steuerwettbewerb. Diese „Kosten" des Wettbewerbs sind aber der Preis für die Vorteile, die ein Steuerwettbewerb bietet, und deshalb hinzunehmen.

Gegenwärtig werden Änderungen der Prozeduren diskutiert, nach denen auf EU-Ebene entschieden wird. Wenn Mehrheitsentscheidungen im Rat der Finanzminister der EU zugelassen werden, dann müssen die Mitgliedstaaten, die

98 „There is no need for tax harmonization, but there is a need for better tax systems" (Salin 1994: 20).

99 „Individuals flee from tax hells to tax heavens, which may put a pressure on the propensity of states to tax citizens" (Salin 1994: 13).

niedrigere Steuersätze als die anderen aufweisen, „befürchten, systematisch überstimmt ... zu werden“ (Vaubel 2000b: 291). Die Mehrheit der hoch besteuernden Länder könnte die Niedrigsteuerländer „zwingen, ihre Steuersätze auf das Niveau der Mehrheit anzuheben“ (Vaubel 2001: 31–32). Dies sollte bei Reformen des EG-Vertrags berücksichtigt werden.

7 Zusammenfassung und wirtschaftspolitische Schlussfolgerungen

Das Potentialwachstum und die Beschäftigung in den Ländern der Europäischen Union lassen sich durch eine Vielzahl von wirtschaftspolitischen Maßnahmen beeinflussen. Dabei kommt es darauf an, die strukturellen und die makroökonomischen Instrumente so einzusetzen, dass sie nachhaltig wirken. Das schließt eine forcierte Nachfragepolitik aus, die letztlich nur zu einer Inflationsbeschleunigung führen würde. Es besteht inzwischen ein weitgehender Konsens darüber, dass die Makropolitik mittelfristig ausgerichtet sein und Preisniveaustabilität gewährleisten sollte.

Ziel der vorliegenden Studie ist es, die Bedeutung der makroökonomischen Politik für das Wachstum des Produktionspotentials zu untersuchen und dabei insbesondere zu analysieren, ob eine Abstimmung zwischen den einzelnen Politikbereichen notwendig ist oder zumindest hilfreich sein kann. In Kapitel 2 wurde bei der Definition des Produktionspotentials betont, dass darunter sinnvollerweise nur das nachhaltig mögliche Niveau der gesamtwirtschaftlichen Produktion verstanden werden kann. Anhand der Diskussion in der wirtschaftswissenschaftlichen Literatur wurde dargelegt, dass es zweckmäßig ist, zwischen Konjunkturzyklus und Potentialwachstum zu unterscheiden. Es wurden verschiedene Schätzungen für das Potentialwachstum in Deutschland herangezogen; zumeist deuten sie darauf hin, dass selbst im Jahr 2001, einem Jahr der konjunkturellen Schwäche, der Output Gap nur leicht negativ war, wenngleich das Ausmaß an Unsicherheit über die Höhe des Output Gaps beträchtlich ist. Bei der in den vergangenen Jahren enttäuschenden gesamtwirtschaftlichen Entwicklung in Deutschland handelt es sich – ähnlich wie in einigen anderen Ländern der EU – um eine Schwäche des Potentialwachstums und nicht der Konjunktur; das Problem der Arbeitslosigkeit ist folglich zum weit überwiegenden Teil strukturell bedingt. Mit anderen Worten: Nicht die Konjunkturpolitik ist gefordert; nötig ist vielmehr eine mittelfristig angelegte Strategie zur Verbesserung der fundamentalen Wachstumsbedingungen. Diese Schlussfolgerung findet sich auch in den „Grundzügen der Wirtschaftspolitik", die im Zentrum des EU-Regelwerks zur Wirtschaftspolitik stehen.

Auf die Bestimmungsgründe des Produktionspotentials wurde in Kapitel 3 eingegangen. Es ist weitgehend unstrittig, dass strukturelle Maßnahmen den wesentlichen Beitrag zur Erhöhung des gesamtwirtschaftlichen Angebots leisten.

Dazu gehören die institutionellen Rahmenbedingungen, die über eine Steigerung der Effizienz des marktwirtschaftlichen Prozesses das Wachstum erhöhen. Für den technischen Fortschritt sind die Bildung von Humankapital und ein innovationsfreundliches Umfeld von besonderer Bedeutung. Bei dem Einsatz der Produktionsfaktoren Arbeit und Kapital geht es um eine Verbesserung der Anreize für die Arbeitsaufnahme und der Rendite für Investitionen.

Die makroökonomischen Instrumente der Geld- und Finanzpolitik sowie die Lohnpolitik lassen sich in unterschiedlicher Weise zur Stärkung des Potentialwachstums einsetzen. Der Beitrag der Geldpolitik besteht darin, die Preisniveaustabilität zu wahren und die Schwankungen der Inflationsrate gering zu halten; eine anhaltend expansive Geldpolitik wäre hingegen nachteilig. Die Finanzpolitik sollte sich ebenfalls nicht auf eine Nachfragepolitik einlassen. Vielmehr besteht ihr Beitrag zur Förderung des Wachstums darin, die allokative Effizienz des Steuersystems zu erhöhen und die Steuern zu senken; ferner sollten konsumtive Ausgaben und Subventionen abgebaut und die öffentlichen Ausgaben auf die Bereiche konzentriert werden, in denen der Markt kein besseres Ergebnis erzielen kann. Angesichts der hohen Arbeitslosigkeit in Deutschland, aber auch in anderen EU-Staaten bestehen erhebliche Möglichkeiten zur Ausweitung des Produktionspotentials. Der Lohnpolitik kommt hier eine entscheidende Rolle zu. Über eine dauerhaft angelegte Lohnzurückhaltung und eine verstärkte Lohndifferenzierung kann der Einsatz des Faktors Arbeit erhöht werden. Diese Politik sollte von strukturellen Reformen am Arbeitsmarkt begleitet werden.

Während zunächst betont wurde, dass die Maßnahmen der Makropolitik das Potential stärken können, auch wenn sie getrennt voneinander durchgeführt werden, wurde in Kapitel 4 untersucht, ob die Erfolgschancen steigen, wenn die Politikbereiche aufeinander abgestimmt werden. Die Koordination von Geldpolitik und Lohnpolitik wurde zunächst im Rahmen eines theoretischen Modells analysiert, das einem Standardmodell der Makroökonomik entspricht. Lohnzurückhaltung wurde hier interpretiert als ein positiver Angebotsschock. Erwartungsgemäß ergab sich bei dieser zunächst isoliert durchgeführten Maßnahme ein positiver Effekt auf das Produktionspotential. Im zweiten Schritt wurden verschiedene geldpolitische Reaktionen auf den Angebotsschock unterstellt. Es zeigte sich, dass es optimal ist, wenn die Notenbank bereits in derjenigen Periode die Geldmenge erhöht bzw. die Zinsen senkt, in der das Potential steigt; die Schwankungen wichtiger Variablen wie Output Gap und Inflation werden dann verringert. Dieses Ergebnis des theoretischen Modells ist für sich genommen ein Argument für eine Koordination von Lohnpolitik und Geldpolitik. Betont werden muss jedoch, dass der langfristige Effekt der Lohnmoderation auf das Produktionspotential nicht durch eine expansive Geldpolitik gesteigert werden kann. In dem Modell ist überdies unterstellt, dass die Notenbank den Potentialeffekt der Lohnpolitik sofort identifizieren kann, was in der Realität nicht gegeben ist.

Um quantitative Aussagen über die Folgen des beschriebenen Politikexperiments machen zu können, wurde ein makroökonometrisches Modell verwendet (NiGEM-Modell). Es zeigt sich für die deutsche Wirtschaft, dass eine nachhaltige Lohnzurückhaltung einen signifikant positiven Einfluss auf das Potentialwachstum hat. Die Modellsimulationen zeigen überdies, dass Lohnzurückhaltung in Deutschland einen beträchtlichen Effekt auf die Beschäftigung hat. Bei einem durchaus nicht unrealistischen Kurs, bei dem die Zunahme der Löhne über fünf Jahre um etwa einen Prozentpunkt hinter dem sonst realisierten Anstieg bleibt, würde die Zahl der Beschäftigten letztlich um rund 750 000 steigen. Der Effekt ist auf lange Sicht unabhängig von dem gleichzeitig verfolgten Kurs der Geldpolitik. Wird die Lohnpolitik durch die Geldpolitik akkommodiert, d.h., ist die Notenbank bestrebt, ihr Inflationsziel einzuhalten, sind aber die positiven Effekte auf Produktion und Beschäftigung in der kurzen Frist deutlich größer. Auch bei den Simulationen mit dem makroökonometrischen Modell zeigt sich, dass eine frühe Reaktion der Notenbank auf das vergrößerte Angebot einen Gewinn an Wohlfahrt verspricht.

Sowohl modelltheoretisch als auch empirisch erweist sich eine Koordination der Lohnpolitik und der Geldpolitik grundsätzlich als vorteilhaft, wenngleich sie für die langfristige Wirkung nicht notwendig ist. Die Kernfrage besteht dann darin, ob und wie eine solche Strategie praktisch umgesetzt werden kann. Hierzu wurde zunächst auf Erfahrungen in solchen Ländern eingegangen, die für die vergangenen Jahre ein beschleunigtes Potentialwachstum und auch einen markanten Rückgang der Arbeitslosigkeit aufweisen. Es zeigt sich, dass die Erfolge in den Vereinigten Staaten, in Irland und in den Niederlanden weitgehend ohne Ex-ante-Koordination der Lohn- und Geldpolitik zustande kamen. In den Niederlanden war eine aktive Rolle der Geldpolitik wegen der engen Bindung des Gulden an die D-Mark nicht möglich; auch in Irland verfolgte die Notenbank im Rahmen des EWS eine wechselkursorientierte Politik. In den Vereinigten Staaten gibt es überhaupt keinen institutionellen Rahmen, in dem eine entsprechende Abstimmung vorgenommen werden könnte. In den Niederlanden und in Irland hat allerdings die Finanzpolitik durch Steuer- und Sozialabgabensenkungen das Zustandekommen der Lohnzurückhaltung erleichtert.

Inwieweit eine Koordinierung der Makropolitik in der Europäischen Währungsunion sinnvoll sein kann und ob die Bedingungen hierfür gegeben sind, wurde in Kapitel 5 untersucht. In den „Grundzügen der Wirtschaftspolitik" der EU wird die Zuordnung der wirtschaftspolitischen Ziele und Instrumente eindeutig festgelegt. Man kann sie als ein Assignment im neoklassischen Sinne interpretieren. Das bedeutet, dass jeder Politikbereich das entsprechende Ziel verfolgen kann und dass es keine negativen Rückwirkungen auf andere Ziele gibt, wenn alle sich strategiegerecht verhalten. Beispielsweise wird die Empfehlung zur Lohnzurückhaltung nicht davon abhängig gemacht, ob die Geldpolitik auf den lohnpolitischen Kurs reagiert.

Eine Ex-ante-Koordination zwischen Geldpolitik und Lohnpolitik ist im EU-Regelwerk nicht vorgesehen. Eine solche Strategie würde auch daran scheitern, dass wichtige Rahmenbedingungen nicht erfüllt sind. Das Statut der Europäischen Zentralbank erlaubt es nicht, dass sie Weisungen entgegennimmt und verbindliche Absprachen über ihre Geldpolitik eingeht. Eine solche Bindung ist auch nicht sinnvoll. Denn selbst wenn es eine moderate Lohnpolitik gibt, können von anderer Seite Gefahren für die Preisniveaustabilität ausgehen, die ein Handeln erfordern, das einer möglicherweise gemachten Zusage an die Tarifparteien entgegenstehen könnte. Dann könnte es zu einem Konflikt darüber kommen, wer letztlich die Verantwortung für das Nichteinhalten der Absprachen oder für gesamtwirtschaftliche Fehlentwicklungen trägt. Diese Überlegung spricht für eine klare Abgrenzung der Verantwortlichkeiten für die wirtschaftspolitischen Ziele. Gleichwohl würde sich die EZB nicht passiv verhalten, wenn eine Politik der Lohnzurückhaltung glaubhaft angekündigt wird. Da sie beispielsweise am Makroökonomischen Dialog teilnimmt, würde, ja müsste sie ein solches Signal im Rahmen ihrer Strategie berücksichtigen, weil es zu einer günstigeren Einschätzung des Potentialwachstums und auch der Preisperspektiven Anlass gäbe. Ein solches Verhalten hätte den gewünschten Effekt, der in den Modellsimulationen, die in Kapitel 4 durchgeführt wurden, beschrieben wurde.

Eine weitere Schwierigkeit für eine explizite Ex-ante-Koordination zwischen der Geldpolitik und der Lohnpolitik in der EWU ergibt sich daraus, dass es „die" Lohnpolitik nicht gibt. Wie ein Vergleich der unterschiedlichen Rahmenbedingungen in den europäischen Ländern zeigt, sind die Lohnfindungssysteme äußerst unterschiedlich. Vor allem liegt in den einzelnen Staaten ein höchst unterschiedlicher Zentralisierungsgrad vor. Eine EU-weit zentralisierte Lohnpolitik, wie sie zur Durchführung einer mit der Geldpolitik koordinierten makroökonomischen Strategie notwendig wäre, ist also nicht möglich. Es ist auch nicht sinnvoll, die Lohnpolitik durch Beschlüsse auf europäischer Ebene zu vereinheitlichen, weil die Arbeitsmarktsituation in den einzelnen Ländern sehr unterschiedlich ist. Auch könnte eine Harmonisierung die Flexibilität der nationalen Arbeitsmärkte verringern. Die Lohnpolitik muss jedoch auf die Erfordernisse des nationalen Arbeitsmarktes ausgerichtet sein. Eine Koordinierung der nationalen Lohnpolitiken würde auf mittlere Sicht gravierende Nachteile bringen.

Damit sind der Ex-ante-Koordination von Geldpolitik und Lohnpolitik im Euroraum bzw. in der EU sehr enge Grenzen gesetzt, sie ist praktisch auch angesichts der institutionellen Gegebenheiten nicht möglich. Sie wird allein schon dadurch erschwert, dass eine große Zahl von Instanzen etwa im Rahmen des Makroökonomischen Dialogs beteiligt ist. Derzeit sind es die Sozialpartner aus 12 Mitgliedstaaten, die im Hinblick auf die Lohnabschlüsse eine Bindung eingehen müssten; bei einer Erweiterung der EU bzw. der EWU wäre die Zahl noch größer. Dabei könnte die Lohnpolitik insgesamt keineswegs abgedeckt werden, da in vielen Ländern die Löhne dezentral ausgehandelt werden. Alles in allem würden mit der zunehmenden Zahl der „Spieler“ die Verantwortlichkeiten für die wirtschaftspolitischen Ziele in den Mitgliedstaaten mehr und mehr verwischt.

Dennoch sollte man nicht von vornherein ausschließen, dass es zu einer Kombination von Geldpolitik und Lohnpolitik kommt, die zu den günstigen Ergebnissen führt, die in den Modellsimulationen abgebildet wurden. Hierzu können beispielsweise im Makroökonomischen Dialog wichtige Weichen gestellt werden. Dabei muss klar sein, dass sich Lohnzurückhaltung lohnt; sowohl die Beschäftigung als auch das Potentialwachstum werden durch eine solche Politik gefördert, unabhängig von der Ausrichtung der Politik in den anderen Bereichen. Daher liegt es im Interesse aller Beteiligten, eine solche Politik auch zu befolgen. Es kommt darauf an, dass die Strategie glaubwürdig ist und nicht immer wieder in Frage gestellt wird. Dazu bedarf es einer Art Regelbindung, also einer verbindlichen Erklärung der Tarifparteien dort, wo sie vorgenommen und auch durchgesetzt werden kann. Dabei ist es nicht erforderlich, dass dies europaweit geschieht. Es ist schon hilfreich, wenn einzelne, möglichst auch große Länder sich dazu entschließen.

Eine solche Absichtserklärung könnten beispielsweise die Tarifparteien in Deutschland geben; sie sollte für mehrere Jahre gelten. Dies würde die Entscheidungsgrundlage der EZB verändern: Die Wahrscheinlichkeit wäre sehr groß, dass die Preisniveaustabilität von der Lohnseite nicht gefährdet würde, und die Schätzung für das Potentialwachstum könnte nach oben angepasst werden. Damit würden die positiven Wirkungen der Lohnmoderation schneller sichtbar, was wiederum eine Fortsetzung der Politik fördern würde. Ein umgekehrtes Verfahren, bei dem die Geldpolitik vorangeht, ist dagegen klar abzulehnen, denn dadurch würden die Inflationsrisiken steigen, was den Keim eines Rückschlags enthält.

In Kapitel 6 werden die Fragen behandelt, ob es eine EU-Steuer geben sollte und ob die Mehrwertsteuer und die Besteuerung der Kapitaleinkommen in der EU harmonisiert werden sollten. Die Einführung einer EU-Steuer wird häufig gefordert, weil dann die EU-Finanzierung durchschaubarer würde und weil die Belastung für die Bürger sichtbar würde. Mit der Einführung einer solchen Steuer stiege aber wohl die gesamte Steuerbelastung, weil ein Teil der Steuerpolitik dem Wettbewerb weniger als sonst ausgesetzt wäre. Gleichzeitig wäre mit zusätzlichen Ausgaben auf EU-Ebene zu rechnen. Das Wachstum des Produktionspotentials würde auf diese Weise beeinträchtigt.

Die Argumente für eine Harmonisierung der Mehrwertsteuer wurden für nicht stichhaltig befunden. Es ist nicht zu erwarten, dass der Wettbewerb auf den Gütermärkten bei unterschiedlichen Steuersätzen verzerrt und die Integration der

Märkte behindert wird. Vielmehr lassen sich die daraus resultierenden Probleme dadurch beseitigen, dass das (richtig verstandene) Ursprungslandprinzip eingeführt wird. Jedes Land könnte sich nach Einführung des Ursprungslandprinzips durch eine Steuersatzsenkung als Produktionsort attraktiv machen. Das Niveau der Steuerbelastung im Durchschnitt der EU wäre angesichts des Wettbewerbs auf mittlere Frist vermutlich geringer als sonst, weil das Expansionsstreben der Bürokratie und der Subventionswettlauf der Interessengruppen gezügelt würden. Auch ist ein Verzicht auf Harmonisierung insofern von Vorteil, als im Wettbewerb die für die einzelnen Länder möglicherweise unterschiedliche optimale Struktur der einzelnen Mehrwertsteuersätze gefunden werden könnte und damit Effizienzgewinne realisiert werden könnten.

Die Harmonisierung der Kapitaleinkommensteuer wird häufig damit begründet, dass es ein „race to the bottom" geben könnte, die Steuersätze also durch einen Wettlauf nach unten so stark gesenkt werden, dass der Staat seine eigentlichen Aufgaben nicht mehr wahrnehmen kann. Einen solchen Wettlauf hat es allerdings nicht gegeben. Das konnte anhand eines Vergleichs der Entwicklung des Steueraufkommens in verschiedenen Industrieländern gezeigt werden. Im Übrigen bietet der Staat wohl in nur geringem Maße, vielleicht sogar überhaupt nicht solche Güter an, bei denen der Steuerwettbewerb (aufgrund der Skalenerträge bei der Nutzung der öffentlichen Leistungen) Probleme bereiten könnte. Die Erosion des Sozialstaates, zu der es bei Steuerwettbewerb kommen kann, ist aus allokativer Sicht durchaus vorteilhaft. Sie betrifft ineffiziente Umverteilungsmaßnahmen. Eine effiziente Umverteilungspolitik wird dagegen durch Steuerwettbewerb nicht gefährdet. Im Übrigen suggeriert die These der Unterbesteuerung von Kapital im Steuerwettbewerb, dass in einer geschlossenen Volkswirtschaft eine (verzerrende) Besteuerung von Kapital wünschenswert sei. Tatsächlich sprechen wachstumstheoretische Überlegungen dafür, selbst in einer geschlossenen Volkswirtschaft auf eine verzerrende Besteuerung von Kapitaleinkommen, also z.B. eine Besteuerung von Zinseinkünften der Haushalte, zu verzichten.

In der Diskussion, ob es in der Steuerpolitik eine Harmonisierung geben sollte oder ob der Wettbewerb einen größeren Beitrag zur Stärkung des Potentialwachstums liefert, zeigen sich erhebliche Vorteile für die Wettbewerbsidee. Wettbewerb hilft, bessere Lösungen wirtschaftspolitischer Probleme zu finden. Der Wettbewerb der Regierungen (der politischen Anbieter in den einzelnen Ländern) kann grundsätzlich in der gleichen Weise zu besseren wirtschaftlichen Ergebnissen und zum Lernen voneinander führen wie der Wettbewerb zwischen Unternehmen. Er könnte sich auch bei der Gestaltung der Finanzpolitik als vorteilhaft erweisen, indem er zu einem besseren Steuersystem führt.

Es wird nicht behauptet, dass Wettbewerb den Staat immer dazu zwingt, effizient zu agieren; dies lässt sich nicht nachweisen. Wohl aber gibt es bei Steuerwettbewerb eine Tendenz zu mehr Effizienz. Dagegen würde eine Harmonisierung der Steuerpolitik mit großer Wahrscheinlichkeit zu einer erhöhten Steuerbelastung bei höheren Staatsausgaben führen. Alles in allem: Das Produktionspotential wäre bei Steuerharmonisierung niedriger als bei Steuerwettbewerb.

Literaturverzeichnis

Abel, A.B., und B.S. Bernanke (1998). *Macroeconomics.* Reading, Mass.

Aghion P., und P. Howitt (1992). A Model of Growth through Creative Destruction. *Econometrica* 60 (2): 323–351.

Alesina, A., und R. Perotti (1995). Fiscal Expansions and Adjustments in OECD Countries. *Economic Policy* 21 (2): 205–248.

Alesina, A., und R. Perotti (1997). Fiscal Adjustments in OECD Countries: Composition and Macroeconomic Effects. *IMF Staff Papers* 44 (2): 210–248.

Alesina, A., O. Blanchard, J. Gali, F. Giavazzi und H. Uhlig (2001). *Defining a Macroeconomic Framework for the Euro Area.* Monitoring the European Central Bank 3. London.

Apel, M., und P. Jansson (1999). System Estimates of Potential Output and the NAIRU. *Empirical Economics* 24 (3): 373–388.

Assenmacher, W. (1998). Trend und Zyklus im Bruttoinlandsprodukt der Bundesrepublik Deutschland. *Jahrbücher für Nationalökonomie und Statistik* 217 (5): 628–648.

Auer, P. (2000). *Employment Revival in Europe. Labour Market Success in Austria, Denmark, Ireland and the Netherlands.* Geneva.

Bach, S., W. Scheremet, B. Seidel und D. Teichmann (2001). *Internationale Entwicklungstendenzen nationaler Steuersysteme – von der direkten zur indirekten Besteuerung?* DIW Sonderheft 172. Berlin.

Baldwin, R., und P. Krugman (2000). Agglomeration, Integration and Tax Harmonization. CEPR Discussion Paper 2630. CEPR, London.

Ball, L., und R. Moffitt (2001). Productivity Growth and the Phillips Curve. NBER Working Paper 8421. NBER, Cambridge, Mass.

Balmaseda, M., J. Dolado und D. López-Salido (2000). The Dynamic Effects of Shocks to Labour Markets: Evidence from OECD Countries. *Oxford Economic Papers* 52 (1): 3–23.

Barrell, R., und V. Genre (1999). Employment Strategies for Europe: Lessons from Denmark and the Netherlands. *National Institute Economic Review* (2): 82–98.

Barrell, R., und N. Pain (1996). EMU as a Job Creator. *New Economy* 13: 97–102.

Barrell, R., und A.M. Pina (2000). How Important Are Automatic Stabilizers in Europe? A Stochastic Simulation Assessment. EUI Working Paper ECO 2000/2. European University Institute, Florence.

Barrell, R., und J. Sefton (1995). Output Gaps: Some Evidence from the UK, France and Germany. *National Institute Economic Review* 151 (1): 65–73.

Barrell, R., und J. Whitley (1992). *Macroeconomic Policy Coordination in Europe: The ERM and Monetary Union.* London.

Barrell, R., J. Morgan und N. Pain (1996). The Employment Effects of the Maastricht Fiscal Criteria. Discussion Paper 96,61. European University Institute, Florence.

Barrell, R., N. Pain und J. Sefton (1997). The Effects of Fiscal Policy and the Maastricht Solvency Criteria on European Employment. In J.-O. Hairault, P.-Y. Hénin und F. Portier (eds.), *Business Cycles and Macroeconomic Stability: Should We Rebuild Built-In Stabilizers?* Boston.

Barrell, R., J. Sefton und J.W. in't Veld (1993). Interest Rates, Exchange Rates and Fiscal Policy in Europe: The Implications of Maastricht. Discussion Paper 44. NIESR, London.

Barro, R.J. (1997). Determinants of Economic Growth: A Cross-Country Empirical Study. Development Discussion Paper 579. Harvard Institute for International Development. Cambridge, Mass.

Barro, R. J., und X. Sala-i-Martin (1995). *Economic Growth.* New York.

Baxter, M., und R. King (1995). Measuring Business Cycles: Approximate Band-Pass Filters for Economic Time Series. NBER Working Paper 5022. NBER, Cambridge, Mass.

Benner, J., K.-J. Gern, C. Kamps, A. Kuhn, B. Sander und J. Scheide (2004). Deutsche Konjunktur: Gedämpfte Erholung. *Die Weltwirtschaft* (1): 33–55.

Blanchard, O. (2000). The Economics of Unemployment: Shocks, Institutions, and Interactions. London School of Economics. Lionel Robbins Lectures. London.

Blanchard, O., und D. Quah (1989). The Dynamics of Aggregate Demand and Supply Disturbances. *American Economic Review* 79 (3): 655–673.

Blankart, C.B. (1996). Braucht Europa mehr zentralstaatliche Koordination? Einige Bemerkungen zu Hans-Werner Sinn. *Wirtschaftsdienst* 76 (2): 87–91.

Blankart, C.B. (2000). Taxes and Choice: Two Views on the Regulation of Tax Competition. In K.-E. Schenk, D. Schmidtchen, M.E. Streit und V.J. Vanberg (Hrsg.), *Globalisierung und Weltwirtschaft.* Tübingen.

Blankart, C.B. (2001a). *Öffentliche Finanzen in der Demokratie: Eine Einführung in die Finanzwissenschaft.* München.

Blankart, C.B. (2001b). Intranationaler und internationaler Steuerwettbewerb – Möglichkeiten und Grenzen autonomer Steuerpolitik. In L. Gerken und O. Graf Lambsdorff (Hrsg.), *Ordnungspolitik in der Weltwirtschaft.* Baden-Baden.

Blinder, A., und J.L. Yellen (2001). *The Fabulous Decade: Macroeconomic Lessons from the 1990s.* New York.

BMA (Bundesministerium für Arbeit und Sozialordnung) (Hrsg.) (2001). *Sozialbudget 2000.* Bonn. <http://www.bma.bund.de/download/broschueren/A230.pdf>.

BMF (Bundesministerium der Finanzen) (1999). *Reform der internationalen Kapitaleinkommensbesteuerung.* Gutachten erstattet vom Wissenschaftlichen Beirat. Schriftenreihe des Bundesministeriums der Finanzen. Heft 65. Bonn.

BMF (Bundesministerium der Finanzen) (2001) (Hrsg.). *Fachblick. Die wichtigsten Steuern im internationalen Vergleich. Steuerquoten, Abgabenquoten, Tarife*. (September). Berlin.

BMF (Bundesministerium der Finanzen) (2002a). Aktueller Diskussionsstand zur europaweiten Unternehmensbesteuerung. *Monatsbericht* (Juni): 57–60.

BMF (Bundesministerium der Finanzen) (2002b) (Hrsg.). *Fachblick. Die wichtigsten Steuern im internationalen Vergleich. Steuerquoten, Abgabenquoten, Tarife*. (Dezember). Berlin.

BMWi (Bundesministerium für Wirtschaft) (1994). *Ordnungspolitische Orientierung für die Europäische Union*. Gutachten des Wissenschaftlichen Beirats beim Bundesministerium für Wirtschaft. Dokumentation 356. Bonn.

Bofinger, P., J. Reischle und A. Schächter (1996). *Geldpolitik. Ziele, Institutionen, Strategien und Instrumente*. München.

Bond, S., und L. Chennells (2000). *Unternehmensbesteuerung und Investitionen: Deutschland im internationalen Vergleich*. Gütersloh.

Börsen-Zeitung (2003). Einigung über EU-Zinssteuer erzielt. 4. Juni: 6.

Boss, A. (1987). Zur Messung des gesamtwirtschaftlichen Produktionspotentials. Kieler Arbeitspapiere 285. Institut für Weltwirtschaft, Kiel.

Boss, A. (1999). Do We Need Tax Harmonization in the EU? Kiel Working Papers 916. Kiel Institute for World Economics, Kiel.

Boss, A., K.-J. Gern, C.-P. Meier, J. Scheide und M. Schlie (1999). For a Stable Monetary Policy and Tax Competition in Euroland. Kiel Discussion Papers 338. Kiel Institute for World Economics, Kiel.

Brennan, G., und J. Buchanan (1980). *The Power to Tax. Analytical Foundations of a Fiscal Constitution*. Cambridge.

Bretin, E., und S. Guimbert (2001). Tax Competition for Firms: To Cure or to Care? Paper presented at the Conference on Corporate and Capital Income Taxation in the European Union: The EU Commission Report on Companies' Taxation and Beyond at FUCAM. 7–8 December. Mons, Belgium.

Buchanan, J.M. (1950). Federalism and Fiscal Equity. *American Economic Review* 40 (4): 583–599.

Buiter, W. (2001). Co-ordination of Economic Politics. Vortrag beim Brüsseler Wirtschaftsforum, 2./3. Mai. Brüssel.

Burns, A., und W.C. Mitchell (1946). *Measuring Business Cycles*. Cambridge.

Büttner, T. (2001). Empirie des Steuerwettbewerbs: Zum Stand der Forschung. In W. Müller (Hrsg.), *Regeln für den europäischen Syste(mwettbewerb: Steuern und soziale Sicherungssysteme*. Marburg.

Calmfors, L., und J. Driffill (1988). Bargaining Structure, Corporatism and Macroeconomic Performance. *Economic Policy* 3 (1): 13–61.

Chagny, O., und J. Döpke (2001). Measures of the Output Gap in the Euro-Zone: An Empirical Assessment of Selected Methods. Kiel Working Papers 1053. Kiel Institute for World Economics, Kiel.

Chennells, L., und R. Griffith (1997). *Taxing Profits in a Changing World.* London.

Chouraqui, J.C., R.P. Hagemann und N. Sartor (1990). Indicators of Fiscal Policy: A Re-examination. OECD Working Paper 70. OECD, Paris.

Clarida, R., J. Gali und M. Gertler (1999). The Science of Monetary Policy: A New Keynesian Perspective. *Journal of Economic Literature* 37 (4): 1661–1707.

Claus, I., P. Conway und A. Scott (2000). The Output Gap: Measurement, Comparisons and Assessment. Research Paper 44. Reserve Bank, Wellington, New Zealand.

Cogley, T., und J.M. Nason (1995). Effects of the Hodrick-Prescott Filter on Trend and Difference Stationary Time Series: Implications for Business Cycle Research. *Journal of Economic Dynamics and Control* 19 (2): 253–278.

DATEV (2001). *Tabellen und Informationen für den steuerlichen Berater.* Nürnberg.

De Grauwe, P., und M. Polan (2001). Increased Capital Mobility: A Challenge for National Macroeconomic Policies. In H. Siebert (Hrsg.), *The World's New Financial Landscape: Challenges for Economic Policy.* Berlin.

DeLong, J.B., und L.H. Summers (1991). Equipment Investment and Economic Growth. *Quarterly Journal of Economics* 106 (2): 485–512.

De Masi, P.R. (1997). IMF Estimates of Potential Output: Theory and Practice. IMF Working Paper 97/177. IMF, Washington, D.C.

Denis, C., K. McMorrow und W. Roeger (2002). Production Function Approach to Calculating Potential Growth and Output Gaps: Estimates for the EU Member States and the US. Economic Paper 176. European Commission, Brussels. <http://europa.eu.int/comm/economy_finance>.

De Stefani, F., und P. Jaramillo (2001). Is Increasing Capital Mobility Overcoming Tax Policy Effectiveness? The Case of the European Monetary Union. Kiel Advanced Studies Working Papers 381. Kiel Institute for World Economics, Kiel.

Deutsche Bundesbank (1995). Das Produktionspotential in Deutschland und seine Bestimmungsfaktoren. *Monatsbericht* (August): 41–56.

Deutsche Bundesbank (2001). *Statistisches Beiheft zum Monatsbericht 4: Saisonbereinigte Wirtschaftszahlen.* Dezember. Frankfurt am Main.

Deutsche Bundesbank (2003). Zur Entwicklung des Produktionspotenzials in Deutschland. *Monatsbericht* (März): 42–54.

Diebold, F.X., und A. Senhadji-Semlali (1996). The Uncertain Unit Root in Real GNP: Comment. *American Economic Review* 86 (5): 1291–1298.

Dohse, D., und C. Krieger-Boden (1998). *Währungsunion und Arbeitsmarkt. Auftakt zu unabdingbaren Reformen.* Kieler Studien 290. Tübingen.

Donde, K., und M. Saggar (1999). Potential Output and Output Gap: A Review. *Reserve Bank of India Occasional Papers* 20 (3): 439–467.

Döpke, J. (1993). Alternative Ansätze zur Schätzung des Produktionspotentials. Kieler Arbeitspapiere 591. Institut für Weltwirtschaft, Kiel.

Döpke, J. (2001). The Link between Business Cycle Volatility and Long-Run Growth in OECD Countries – How Robust Are the Results? Manuscript. Kiel Institute for World Economics, Kiel.

Döpke, J. (2004). How Robust Is the Link between Business Cycle Volatility and Long-Run Growth in OECD Countries? *International Review of Applied Economics* 18 (1): 103–121.

Döpke, J., und C. Kamps (1999). Zum Einfluß von permanentem und transitorischem Einkommen auf den privaten Verbrauch in Deutschland. *Die Weltwirtschaft* (4): 441–462.

Dupasquier, C., A. Guay und P. St-Amant (1999). A Survey of Alternative Methodologies for Estimating Potential Output and the Output Gap. *Journal of Macroeconomics* 21 (3): 577–595.

EIRO (European Industrial Relations Observatory) (2000). Wage Policy and EMU. <http://eiro.eurofound.ie/2000/07/Study/TN0007402S.html>.

EIRO (European Industrial Relations Observatory) (2002). Collective Bargaining Coverage and Extension Procedures. <http://eiro.eurofound.eu.int/2002/12/study/tn0212102s.html>.

Euroframe (2001). The Economic Situation of the European Union and the Outlook for 2001–2002. <http://www.europarl.eu.int/workingpapers/econ/pdf/126_en.pdf>.

Evans, L., A. Grimes und B. Wilkinson (mit D. Teece) (1996). Economic Reform in New Zealand 1984–95: The Pursuit of Efficiency. *Journal of Economic Literature* 34 (4): 1856–1902.

EZB (Europäische Zentralbank) (2000a). Potenzialwachstum und Produktionslücke: Begriffsabgrenzung, Anwendungsbereiche und Schätzergebnisse. *Monatsbericht* (Oktober): 39–50.

EZB (Europäische Zentralbank) (2000b). Die Beziehungen der EZB zu den Organen und Einrichtungen der Europäischen Union. *Monatsbericht* (Oktober): 51–67.

EZB (Europäische Zentralbank) (2001a). Finanzpolitik und Wirtschaftswachstum. *Monatsbericht* (August): 43–60.

EZB (Europäische Zentralbank) (2001b). Der wirtschaftpolitische Rahmen der WWU. *Monatsbericht* (November): 59–75.

Fagan, G., J. Henry und R. Nestre (2001). An Area-Wide Model (AWM) for the Euro Area. Working Paper Series 42. European Central Bank, Frankfurt am Main.

Fajertag, G., und P. Pochet (eds.) (1997). *Social Pacts in Europe*. Brussels.

Feld, L.P., und G. Kirchgässner (1995). Fiskalischer Wettbewerb in der EU: Wird der Wohlfahrtsstaat zusammenbrechen? *Wirtschaftsdienst* 75 (10): 562–568.

Feld, L.P., und G. Kirchgässner (2001a). Vor- und Nachteile des internationalen Steuerwettbewerbs. In W. Müller (Hrsg.), *Regeln für den europäischen Systemwettbewerb: Steuern und soziale Sicherungssysteme*. Marburg.

Feld, L.P., und G. Kirchgässner (2001b). Income Tax Competition at the State and Local Level in Switzerland. *Regional Science & Urban Economics* 31 (2/3): 181–213.

Feldstein, M., und P. Krugman (1990). International Trade Effects of Value-Added-Taxation. In A. Razin and J. Slemrod (ed.), *Taxation in the Global Economy*. Chicago.

Financial Times (2002). US-Widerstand gegen Zinsregeln wächst. 26. Juli: 14.

Fitzgerald, G. (1999). Wage Formation in the Irish Labour Market. In F. Barry (ed.), *Understanding Ireland's Economic Growth*. Basingstoke.

Fitzgerald, G. (2000). Ireland's Failure and Belated Convergence. Working Paper 133. Economic and Social Research Institute, Dublin.

Frankfurter Allgemeine Zeitung (2002). Die Schweiz entscheidet mit über die Zinsbesteuerung in der EU. 12. August: 12.

Frankfurter Allgemeine Zeitung (2003). Abgeltungssteuer auf Zinsen kommt 2005. 5. Juni: 13.

Franz, W. (2001). Neues von der NAIRU? *Jahrbücher für Nationalökonomie und Statistik* 221 (3): 256–284.

Freeman, R. (1988). Labour Market Institutions and Economic Performance. *Economic Policy* 6: 64–80.

Friedman, M. (1968). The Role of Monetary Policy. *American Economic Review* 58 (1): 1–17.

Friedman, M. (1969), The Optimum Quantity of Money. In M. Friedman (ed.), *The Optimum Quantity of Money and Other Essays*. Chicago.

Fritsche, U., und C. Logeay (2002). Structural Unemployment and the Output Gap in Germany: Evidence from an SVAR Analysis within a Hysteresis Framework. DIW Discussion Papers 312. DIW, Berlin.

Fuest, C. (1997). Internationale Koordination der Fiskalpolitik: Wohlfahrtsökonomische versus politökonomische Sicht. *Jahrbuch für Wirtschaftswissenschaften* 48 (2): 174–192.

Funk, L. (1999). Towards a European Full Employment Pact: A Third-Way Solution to Persistent Unemployment? In L. Funk (ed.), *The Economics and the Politics of the Third Way*. Hamburg.

Gabaglio, E. (1999). Die Zeit der beschäftigungspolitischen Rhetorik ist vorbei. *Frankfurter Rundschau* 19. Mai: 11.

Galbraith, J.K. (1997). Time to Ditch the NAIRU. *Journal of Economic Perspectives* 11 (1): 93–108.

Gerlach, S., und F. Smets (1999). Output Gaps and Monetary Policy in the EMU Area. *European Economic Review* 43 (4/6): 801–812.

Gern, K.-J. (1999). *Auswirkungen verschiedener Varianten einer negativen Einkommenssteuer in Deutschland. Eine Simulationsstudie*. Kieler Studie 294. Tübingen.

Gern, K.-J., C.-P. Meier und J. Scheide (2003). Evidence of the New Economy at the Macroeconomic Level and Implications for Monetary Policy. Kiel Discussion Papers 401. Kiel Institute for World Economics, Kiel.

Gern, K.-J., K.-W. Schatz, J. Scheide und R. Solveen (1995). Industrieländer: stabilitätsorientierte Geldpolitik – fortgesetzter Aufschwung. *Die Weltwirtschaft* (1): 1–32.

Gern, K.J., J. Gottschalk, C. Kamps, B. Sander, J. Scheide und H. Strauß (2000). Weltwirtschaft unter Volldampf. *Die Weltwirtschaft* (3): 233–266.

Giavazzi, F., und M. Pagano (1990). Can Severe Fiscal Contractions Be Expansionary? Tales of Two Small Countries. *NBER Macroeconomics Annual* 5 (1): 75–111.

Giavazzi, F., T. Jappelli und M. Pagano (2000). Searching for Non-linear Effects of Fiscal Policy. *European Economic Review* 44 (7): 1259–1289.

Giorno, C., P. Richardson, D. Roseveare und P. Van den Noord (1995). Potential Output, Output Gaps, and Structural Budget Balances. *OECD Economic Studies* (24): 167–209.

Goodfriend, M., und R.G. King (1997). The New Neoclassical Synthesis and the Role of Monetary Policy. *NBER Macroeconomics Annual* 12 (1): 231–283.

Gordon, R.J. (1997). The Time-Varying NAIRU and Its Implications for Economic Policy. *Journal of Economic Perspectives* 11 (1): 11–32.

Gordon, R.J. (2000). Does the „New Economy“ Measure Up to the Great Inventions of the Past? NBER Working Paper 7833. NBER, Cambridge, Mass.

Gordon, R.J. (2002). Technology and Economic Performance in the American Economy. NBER Working Paper 8771. NBER, Cambridge, Mass.

Gordon, R.H., und S.B. Nielsen (1997). Tax Evasion in an Open Economy. *Journal of Public Economics* 66 (2): 173–197.

Gottschalk, J. (2001). An Introduction into SVAR Methodology: Identification, Interpretation and Limitations of SVAR Models. Kiel Working Papers 1072. Kiel Institute for World Economics, Kiel.

Greenwood, J. (1999). The Third Industrial Revolution: Technology, Productivity, and Income Inequality. *Federal Reserve Bank of Cleveland Economic Review* 35 (2): 2–12.

Grossekettler, H. (2000). Steuerstaat versus Gebührenstaat: Vor- und Nachteile. In V. Sachsofsky und J. Wieland (Hrsg.), *Vom Steuerstaat zum Gebührenstaat*. Baden-Baden.

Hagen, J. von, und S. Mundschenk (2001). The Functioning of Economic Policy Coordination. Manuscript. Bonn.

Handelsblatt (2002). Sozialausgaben zehren wieder fast ein Drittel der Wirtschaftskraft auf. 7. März.

Hassel, A. (1998). Soziale Pakte in Europa. *Gewerkschaftliche Monatshefte* 49 (11): 626–637.

Hayek, F.A. von (1968). *Der Wettbewerb als Entdeckungsverfahren*. Kieler Vorträge 56. Tübingen.

Heilemann, U., R. Döhrn, H.D. von Löffelholz und E. Schäfer-Jäckel (2000). *Der Wirtschaftsaufschwung der Vereinigten Staaten in den neunziger Jahren – Rolle und Beitrag makroökonomischer Faktoren.* Untersuchungen des Rheinisch-Westfälischen Instituts für Wirtschaftsforschung. Heft 32. Essen.

Heitger, B. (1998). *Wachstums- und Beschäftigungseffekte einer Rückführung öffentlicher Ausgaben. Eine empirische Analyse für die OECD-Länder.* Kieler Studien 291. Tübingen.

Hendry, D.F. (2002). Forecast Failure, Expectations Formation and the Lucas Critique. *Annales d'Economie et de Statistique* (67/68): 21–40.

Herzig, N. (2001). Steuern erlangen im globalen Wettbewerb ein Element der Freiwilligkeit. *Frankfurter Allgemeine Zeitung,* 2. Juli: 29.

Hodrick, R.J., und E.C. Prescott (1997). Postwar U.S. Business Cycles: An Empirical Investigation. *Journal of Money, Credit, and Banking* 29 (1): 1–16.

Homburg, S. (1997). *Allgemeine Steuerlehre.* München.

Homburg, S. (1999). Competition and Co-ordination in International Capital Income Taxation. *Finanzarchiv* 56 (1): 1–17.

Honeybone, A. (1997). Introducing Labour Flexibility: The Example of New Zealand. *International Labour Review* 136 (4): 493–507.

Huber, B. (1992). Capital Income Taxation in Open Economies – Theoretical Issues and Policy Implications. In E. von Collani (ed.), *Proceedings of the Second Würzburg-Umeå Conference in Statistics.* Würzburg.

Huber, B. (1996). Gestaltungsprinzipien eines Steuersystems und die Theorie optimaler Besteuerung. *Wirtschaftswissenschaftliches Studium* 25 (8): 404–409.

Huber, B. (1997). Der Steuerwettbewerb – Gefahr oder Chance? *List-Forum für Wirtschafts- und Finanzpolitik* 23 (3): 242–256.

Huber, B. (2001). Zur Finanzierung der Europäischen Union. *Zeitschrift für Wirtschaftspolitik* 50 (1): 49–58.

IMF (1999a). Growth Divergences in the United States, Europe, and Japan: Trend or Cyclical? *World Economic Outlook.* October. Washington, D.C.

IMF (1999b). Chronic Unemployment in the Euro Area: Causes and Cures. *World Economic Outlook.* April. Washington, D.C.

IMF (1999c). Ireland. Staff Report for the 2000 Article IV Consultation. August. Washington, D.C.

IMF (2001a). World Economic Outlook Database. <http://www.imf.org/external/pubs/ft/weo/2001/03/data/index.htm>.

IMF (2001b). Selected Euro-Area Countries: Rule-Based Fiscal Policy and Job-Rich Growth in France, Germany, Italy, and Spain – Report with Supplementary Information. Country Report No. 01/203. IMF, Washington, D.C.

IMF (2003). *World Economic Outlook.* September. Washington, D.C.

Issing, O. (2000). How to Achieve a Durable Macro-Economic Policy Mix Favourable to Growth and Employment? Brussels Economic Forum, 5 May, Brussels.

Jacquet, P., und J. Pisani-Ferry (2000). *Economic Policy Co-ordination in the Euro-Zone: What Has Been Achieved? What Should Be Done?* Paris.

Jorgensen, D.W. (2002). Information Technology and the U.S. Economy. In H. Siebert (ed.), *Economic Policy Issues of the New Economy.* Berlin.

Judson, R., und A. Orphanides (1999). Inflation, Volatility and Growth. *International Finance* 2 (1): 117–138.

Kamps, C., und J. Scheide (2001). Euroland: Abkühlung der Konjunktur – kein Grund zu Aktionismus. *Die Weltwirtschaft* (1): 51–77.

Kasper, W. (1996). Die Befreiung des Arbeitsmarktes: Neuseelands Wirtschaft im Aufschwung. Arbeitsbericht im Rahmen des Forschungsprogramms „Weiterentwicklung und Perspektiven der Sozialen Marktwirtschaft" der Bertelsmann Stiftung, Heinz Nixdorf Stiftung und Ludwig-Erhard-Stiftung. Gütersloh.

Kellersmann, D., und C. Treisch (2002). *Europäische Unternehmensbesteuerung.* Wiesbaden.

Kerber, W. (2000). Kommentar zu Jörn Sideras, Systems Competition and Public Goods Provision. In K.-E. Schenk, D. Schmidtchen, M.E. Streit und V.J. Vanberg (Hrsg.), *Globalisierung und Weltwirtschaft.* Tübingen.

King, R.G. (2000). The New IS-LM Model: Language, Logic, and Limits. *Federal Reserve Bank of Richmond Economic Quarterly* 86 (3): 45–103.

Kischel, D. (2001). Der „wesentliche Inhalt" der EU-Richtlinie zur Harmonisierung der Zinsbesteuerung. *Internationale Wirtschaftsbriefe* (4): 213–222.

Kitterer, W. (1995). Comment on Michael P. Devereux, "Tax Competition and the Impact on Capital Flows". In H. Siebert (ed.), *Locational Competition in the World Economy.* Tübingen.

Kommission (Kommission der Europäischen Gemeinschaften) (2000). Commission Recommendation for the 2000 Broad Guidelines of the Economic Policies of the Member States and the Community. ECFIN/209/00-EN. Brussels.

Kommission (Kommission der Europäischen Gemeinschaften) (2001a). *European Economy. Supplement A: Economic Trends.* Luxembourg.

Kommission (Kommission der Europäischen Gemeinschaften) (2001b). Ein Binnenmarkt ohne steuerliche Hindernisse. Mitteilung der Kommission an den Rat, das Europäische Parlament und den Wirtschafts- und Sozialausschuss. KOM (2001) 582 endg. 23. Oktober. Brüssel.

Kommission (Kommission der Europäischen Gemeinschaften) (2001c). *Europäische Wirtschaft – Beiheft A.* Nr. 10/11. (Oktober/November). Luxemburg.

Kommission (Kommission der Europäischen Gemeinschaften) (2003). Quarterly Report on the Euro Area No. 4. 15 December. Brussels.

Kormendi, R.C., und P.G. Meguire (1985). Macroeconomic Determinants of Growth. *Journal of Monetary Economics* 16 (2): 141–163.

Krätke, M. (2001). Mythen aus Polderland: Das niederländische Modell auf dem Prüfstand. *Blätter für deutsche und internationale Politik* 46 (1): 95–104.

Kromphardt, J. (1977). *Wachstum und Konjunktur – Grundlagen ihrer theoretischen Analyse und wirtschaftspolitischen Steuerung*. Göttingen.

Kubitza, A. (2001). Sozialbudget 2000. Neue Methodik. *Bundesarbeitsblatt* (10): 5–9.

Kuntze, O.-E. (1998). Neue, korporativistische Einkommenspolitik in europäischen Ländern – Anachronismus oder Standortvorteil? *Ifo-Schnelldienst* 51 (34/35): 25–43.

Laaser, C.-F., R. Soltwedel et al. (1993). *Europäische Integration und nationale Wirtschaftspolitik*. Kieler Studien 255. Tübingen.

Lapp, S. (2001). Internationale Diversifikation in den Portfolios deutscher Kapitalanleger. *Theorie und Empirie*. Kieler Studien 314. Tübingen.

Laubach, T. (2001). Measuring the NAIRU: Evidence from Seven Economies. *Review of Economics and Statistics* 83 (2): 218–231.

Leibfritz, W., B. Schaden, E. Langmantel, W. Meister, U. Scholten und M. Werding (2000). *Evaluierung des Steuerreformvorschlags der CDU/CSU vor dem Hintergrund der Erfahrungen mit fundamentalen Steuerreformen im Ausland.* Gutachten im Auftrag des Bayrischen Staatsministeriums der Finanzen. Ifo-Studien zur Finanzpolitik 70. München.

Lorz, J.O. (1997). *Standortwettbewerb bei internationaler Kapitalmobilität: Eine modelltheoretische Untersuchung*. Kieler Studien 284. Tübingen.

Lorz, J.O. (2003). Do National Governments Lose Their Maneuvering Space in the Era of Locational Competition and What Can They Do? In H. Siebert (ed.), *Global Governance: An Architecture for the World Economy*. Berlin.

Lucas, R. (1988). On the Mechanics of Economic Development. *Journal of Monetary Economics* 22 (1): 3–42.

MacKenzie, G.C., und S.R. Thornton (1996). *Bucking the Deficit. Economic Policymaking in America.* Boulder, Colo.

Mankiw, N.G., D. Romer, und D.N. Weil (1992). A Contribution to the Empirics of Economic Growth. *Quarterly Journal of Economics* 107 (2): 407–437.

Martin, A. (2000). Social Pacts, Unemployment and EMU Macroeconomic Policy. EUI Working Paper RSC 2000/32. Florence.

McCallum, B.T. (1999). Recent Developments in the Analysis of Monetary Policy Rules. *Federal Reserve Bank of St. Louis Review* 81 (6): 3–12.

McCallum, B.T. (2001). Monetary Policy Analysis in Models Without Money. *Federal Reserve Bank of St. Louis Review* 83 (4): 145–160.

McCallum, B.T., und E. Nelson (1999). An Optimizing IS-LM Specification for Monetary Policy and Business Cycle Analysis. *Journal of Money, Credit, and Banking* 31 (3): 296–316.

McMorrow, K., und W. Roeger (2001). Potential Output: Measurement Methods, "New" Economy Influences and Scenarios for 2001–2010: A Comparison of the EU15 and the US. European Commission Economic Paper 150. Brussels.

Meier, C.-P. (2001). Trend und Zyklus im Bruttoinlandsprodukt der Bundesrepublik Deutschland. Eine Anmerkung. *Jahrbücher für Nationalökonomie und Statistik* 221 (2): 168–178.

Mills, T.C. (2000). Business Cycle Volatility and Economic Growth: A Reassessment. *Journal of Post-Keynesian Economics* 23 (1): 107–116.

Mintz, J.M. (2002). European Company Tax Reform: Prospects for the Future. *CESifo Forum* 3 (1): 3–9.

Mueller, D. (1998). Redistribution and Allocative Efficiency in a Mobile World Economy. In M. Streit (Hrsg.), *Globalisierung, Systemwettbewerb und nationalstaatliche Politik.* Tübingen.

Mueller, J. (1996). Neuester Vorschlag der Europäischen Kommission für ein Mehrwertsteuersystem. *Internationale Wirtschaftsbriefe* (16): 731.

Mueller, J. (1998). Aktuelle Entwicklungen bei der EU-Steuerharmonisierung. *Internationale Wirtschaftsbriefe* (6): 249–250.

Mueller, J. (2001). Mitteilung der Europäischen Kommission zur Unternehmensbesteuerung in der EU. *Internationale Wirtschaftsbriefe* (22): 1115–1118.

Murray. C.J., und C.R. Nelson (2000). The Uncertain Trend in U.S. GDP. *Journal of Monetary Economics* 46 (1): 79–95.

Nelson, C.R., und C.I. Plosser (1982). Trends and Random Walks in Macroeconomic Time Series: Some Evidence and Implications. *Journal of Monetary Economics* 10 (2): 139–162.

Neue Zürcher Zeitung (2002). Verkorkste EU-Pläne zur Zinsbesteuerung. 14. Juni: 10.

Neue Zürcher Zeitung (2003a). Durchbruch im EU-Zinspoker. 22. Januar: 9.

Neue Zürcher Zeitung (2003b). Der Druck bleibt. 22. Januar: 9.

Neue Zürcher Zeitung (2003c). Vier ungelöste „Details“ der Zinsbesteuerung. 27. Januar: 14.

Neue Zürcher Zeitung (2003d). EU-Zinsbesteuerung besiegelt. 4. Juni: 14.

Nickell, S. (1997). Unemployment and Labor Market Rigidities: Europe versus North America. *Journal of Economic Perspectives* 11 (3): 55–74.

Nickell, S., und J. van Ours (2000). The Netherlands and the United Kingdom: A European Unemployment Miracle? *Economic Policy: A European Forum* 30 (April): 137–180.

NIESR (2001). NiGEM-Introduction. <http://www.niesr.ac.uk/models/nigem/nigem. htm>.

Oates, W.E. (1994). Federalism and Government Finance. In J.M. Quigley and E. Smolensky (eds.), *Modern Public Finance.* Cambridge, Mass.

Oates, W.E. (ed.) (1998). *The Economics of Fiscal Federalism and Local Finance.* Cheltenham.

Obstfeld, M., und K. Rogoff (1996). *Foundations of International Macroeconomics.* Cambridge.

O'Connell, P. (1999). Ireland: Astonishing Success – Economic Growth and the Labour Market in Ireland. Employment and Training Paper 44. International Labour Office, Geneva.

OECD (1997) *Employment Outlook.* Paris.

OECD (1998a). *Employment Outlook.* Paris

OECD (1998b). *Economic Surveys: Netherlands 1997–1998.* Paris.

OECD (1999a). *Employment Outlook.* Paris.

OECD (1999b). *Economic Surveys: Ireland.* Paris.

OECD (1999c). *Economic Surveys: New Zealand.* Paris.

OECD (2000). *Revenue Statistics 1965–1999.* Paris.

OECD (2001a). *Employment Outlook.* Paris.

OECD (2001b). *Economic Outlook* 70. Paris.

OECD (2001c). *Revenue Statistics 1965–2000.* Paris.

OECD (2002a). *Revenue Statistics 1965–2001.* Paris.

OECD (2002b). *Social Expenditure Data Base.* CD-ROM. Paris.

OECD (2003). *Economic Outlook* 74. Paris.

Okun, A. (1962). Potential GDP: Its Measurement and Significance. In American Statistical Association, *1962 Proceedings of the Business and Economic Statistics Section.* Washington, D.C.

Oliner, S.D., und D.E. Sichel (2000). The Resurgence of Growth in the Late 1990s: Is Information Technology the Story? Finance and Economics Discussion Series 2000-2. Division of Research & Statistics and Monetary Affairs. Federal Reserve Board, Washington, D.C.

Padoa-Schioppa, T. (1987). *Efficiency, Stability and Equity: A Strategy for the Evolution of the Economic Systems of the European Community.* New York.

Perron, P. (1989). The Great Crash, the Oil Price Shock, and the Unit Root Hypothesis. *Econometrica* 57 (6): 1361–1401.

Quah, D. (1992). The Relative Importance of Permanent and Transitory Components: Identification and Some Theoretical Bounds. *Econometrica* 60 (1): 107–118.

Ramey, G., und V.A. Ramey (1995). Cross-Country Evidence on the Link between Volatility and Growth. *American Economic Review* 85 (5): 1138–1151.

Rawls, J. (1971). *A Theory of Justice.* Cambridge, Mass.

Rebelo, S. (1998). On the Determinants of Economic Growth. In H.C. Wolf (ed.), *Contemporary Economic Issues 5: Macroeconomics and Finance.* New York.

Richardson, P., L. Boone, C. Giorno, M. Meacci, D. Rae und D. Turner (2000). The Concept, Policy Use and Measurement of Structural Unemployment: Estimating a Time Varying NAIRU across 21 OECD Countries. Economics Department Working Papers 250. OECD, Paris.

Romer, C.D. (1989). The Prewar Business Cycle Reconsidered: New Estimates of Gross National Product, 1869–1908. *Journal of Political Economy* 97 (1): 1–37.

Romer, C.D. (1999). Changes in Business Cycles: Evidence and Explanations. *Journal of Economic Perspectives* 13 (2): 23–44.

Romer, P. (1986). Increasing Returns and Long-Run Growth. *Journal of Political Economy* 94 (5): 1002–1037.

Romer, P. (1990), Endogenous Technological Change. *Journal of Political Economy* 98 (5,2): 71–102.

Rosen, H.S. (1999). *Public Finance*. Boston.

Rudebusch, G.D. (1992). Trends and Random Walks in Macroeconomic Time Series: A Reexamination. *International Economic Review* 33 (3): 661–680.

Sachverständigenrat (Sachverständigenrat zur Begutachtung der gesamtwirtschaftlichen Entwicklung) (1994). *Den Aufschwung sichern – Arbeitsplätze schaffen. Jahresgutachten 1994/95*. Stuttgart.

Sachverständigenrat (Sachverständigenrat zur Begutachtung der gesamtwirtschaftlichen Entwicklung) (1996). *Reformen voranbringen. Jahresgutachten 1996/97*. Stuttgart.

Sachverständigenrat (Sachverständigenrat zur Begutachtung der gesamtwirtschaftlichen Entwicklung) (1997). *Wachstum, Beschäftigung, Währungsunion – Orientierungen für die Zukunft. Jahresgutachten 1997/98*. Stuttgart.

Sachverständigenrat (Sachverständigenrat zur Begutachtung der gesamtwirtschaftlichen Entwicklung) (1998). *Vor weitreichenden Entscheidungen. Jahresgutachten 1998/99*. Stuttgart.

Sachverständigenrat (Sachverständigenrat zur Begutachtung der gesamtwirtschaftlichen Entwicklung) (2001). *Chancen auf einen höheren Wachstumspfad. Jahresgutachten 2001/02*. Stuttgart.

Sachverständigenrat (Sachverständigenrat zur Begutachtung der gesamtwirtschaftlichen Entwicklung) (2002). *Zwanzig Punkte für mehr Beschäftigung. Jahresgutachten 2003/03*. Stuttgart.

Salin, P. (1994). International Tax Problems: Between Coordination and Competition. *Journal des Economistes et des Etudes Humaines* 5 (1): 3–23.

Salverda, W. (1999). Is There More to the Dutch Miracle than a Lot of Part-time Jobs? Research Report 99C46. Graduate School Research Institute Systems, Organisation and Management, Groningen.

Scheide, J. (1989). On Real and Monetary Causes for Business Cycles in West Germany. *Schweizerische Zeitschrift für Volkswirtschaft und Statistik* 125 (4): 583–595.

Scheide, J., und S. Sinn (1987). Internationale Koordination der Wirtschaftspolitik: Pro und Contra. Kieler Diskussionsbeiträge 135. Institut für Weltwirtschaft, Kiel.

Schrader, K. (1999), Mehr Arbeit für Neuseeland? Beschäftigungseffekte der Arbeitsmarktreform. *Die Weltwirtschaft* (1): 111–135.

Schrader, K. (2000). Das "niederländische Modell": Ein Patentrezept für Vollbeschäftigung? *Die Weltwirtschaft* (1): 89–116.

Schulte, D. (1999). Euro-Tarife. *Frankfurter Allgemeine Zeitung*, Beilage Europäische Wirtschaft, 8. Juni: 1.

Schumacher, C. (1999). Measuring EMU Potential Output Using a Multivariate Beveridge-Nelson-Decomposition. Discussion Paper 98. Institute for Economic Research, Halle.

Schumacher, C. (2000). Forecasting Trend Output in the Euro Area. HWWA Discussion Paper 109. Hamburgisches Weltwirtschaftsarchiv, Hamburg.

Schumacher, C. (2002). *Alternative Schätzansätze für das Produktionspotenzial im Euroraum*. Baden-Baden.

Sexton, J.J., und P. O'Connell (1997). *Labour Market Studies: Ireland*. Luxembourg.

Shivley, P.A. (2001). Trend-Stationary GNP: Evidence From a New Exact Most Powerful Invariant Unit Root Test. *Journal of Applied Econometrics* 16: 537–551.

Sideras, J. (2000). Systems Competition and Public Goods Provision. In K.-E. Schenk, D. Schmidtchen, M.E. Streit und V.J. Vanberg (Hrsg.), *Globalisierung und Weltwirtschaft*. Tübingen.

Siebert, H. (1990a) (ed.). *Reforming Capital Income Taxation*. Tübingen.

Siebert, H. (1990b). Comment on Vito Tanzi and A. Lans Bovenberg, Is There a Need for Harmonizing Capital Income Taxes within EC Countries? In H. Siebert (ed.), *Reforming Capital Income Taxation*. Tübingen.

Siebert, H. (1996). Hundert Punkte für mehr Beschäftigung. Kieler Diskussionsbeiträge 264. Institut für Weltwirtschaft, Kiel.

Siebert, H. (1997a). Labor Market Rigidities: At the Root of Unemployment in Europe. *Journal of Economic Perspectives* 11 (3): 37–54.

Siebert, H. (1997b). Die Illusion von der Kooperation – Zum Wettbewerb in der Weltwirtschaft gibt es keine Alternative. In M. Möhring-Hesse, B. Edmunds und W. Schroeder (Hrsg.), *Finanzmärkte im Spannungsfeld von Globalisierung, Regulierung und Geldpolitik*. Schriften des Vereins für Socialpolitik 261. Berlin.

Siebert, H. (1999). How Can Europe Solve Its Unemployment Problem? Kiel Discussion Papers 342. Kiel Institute for World Economics, Kiel.

Siebert, H. (2001). How the EU Can Move to a Higher Growth Path – Some Considerations. Kiel Discussion Papers 383. Kiel Institute for World Economics, Kiel.

Sinn, H.-W. (1995). Implikationen der vier Grundfreiheiten für eine nationale Fiskalpolitik. *Wirtschaftsdienst* 75 (5): 240–249.

Sinn, H.-W. (1997a). The Selection Principle and Market Failure in Systems Competition. *Journal of Public Economics* 66 (2): 247–274.

Sinn, H.-W. (1997b). Deutschland im Steuerwettbewerb. *Jahrbücher für Nationalökonomie und Statistik* 216 (6): 672–692.

Sinn, H.-W. (1997c). Das Selektionsprinzip und der Systemwettbewerb. In S. Homburg und A. Oberhauser (Hrsg.), *Fiskalföderalismus in Europa*. Schriften des Vereins für Socialpolitik 253. Berlin.

Sinn, H-W., und M. Reutter (2001). The Minimum Inflation Rate for Euroland. NBER Working Papers 8085. NBER, Cambridge, Mass.

Sinn, S. (1990). Comment on A. Razin and E. Sadka, Capital Market Integration: Issues of International Taxation. In H. Siebert (ed.), *Reforming Capital Income Taxation.* Tübingen.

Sinn, S. (1992). The Taming of Leviathan: Competition among Governments. *Constitutional Political Economy* 3 (2): 177–196.

Solow, R.M. (2001). *Why Has the U.S. Economy Done So Well? Could It Happen Again?* Kieler Vorträge 128. Kiel.

Soltwedel, R. (1997). Dynamik der Märkte – Solidität des Sozialen: Leitlinien für eine Reform der Institutionen. Kieler Diskussionsbeiträge 297/298. Institut für Weltwirtschaft, Kiel.

Sørensen, P.B. (2000). The Case for International Tax Coordination Reconsidered. *Economic Policy* 3 (October): 429–461.

Sørensen, P.B. (2002). To Harmonise or Not to Harmonise? *CESifo Forum* 3 (1): 31–35.

Stadler, G.W. (1994). Real Business Cycles. *Journal of Economic Literature* 32 (4): 1750–1783.

Staiger, D., J.H. Stock und M.W. Watson (1997). The NAIRU, Unemployment and Monetary Policy. *Journal of Economic Perspectives* 11 (1): 11–32.

Statistisches Bundesamt (2001). *Fachserie 18: Volkswirtschaftliche Gesamtrechnungen, Reihe 1.2: Konten und Standardtabellen. Vorbericht 2000.* Wiesbaden.

Stehn, J. (2002). Towards a European Constitution: Fiscal Federalism and the Allocation of Economic Competences. Kiel Working Papers 1125. Kiel Institute for World Economics, Kiel.

Stille, F. (1998). Der niederländische Weg: Durch Konsens zum Erfolg. *Mitteilungen aus der Arbeitsmarkt- und Berufsforschung* 31 (2): 294–311.

Stock, J.H., und M.W. Watson (1996), Evidence on Structural Instability in Macroeconomic Time Series Relations. *Journal of Business and Economic Statistics* 14 (1): 11–30.

Strauss-Kahn, D. (1999). Wir brauchen Mindestlöhne in Europa. *Süddeutsche Zeitung*, 17./18. April: 27.

Tiebout, C.M. (1956). A Pure Theory of Local Expenditures. *Journal of Political Economy* 64 (5): 416–424.

Tille, C., und K.-M. Yi (2001). Curbing Unemployment in Europe: Are There Lessons from Ireland and the Netherlands? *Current Issues in Economics and Finance* 7 (5): 1–6.

US Department of Labor (2001). *Employment and Earnings.* November. Washington, D.C.

Vanberg, V. (2002). Zum gegenseitigen Vorteil. *Frankfurter Allgemeine Zeitung*, 20. Dezember: 11.

Vaubel, R. (1993). Das Problem der wirtschaftspolitischen Zentralisierung in der Europäischen Gemeinschaft. In W. Grosskopf und K. Herdzina (Hrsg.), *Der ländliche Raum im Europa der 90er Jahre*. Stuttgart.

Vaubel, R. (1996). Reforming the Welfare State in Western Europe. In H. Giersch (ed.), *Fighting Europe's Unemployment in the 1990s*. Berlin.

Vaubel, R. (2000a). Die Macht der europäischen Mehrheiten. *Frankfurter Allgemeine Zeitung*, 17. Juni: 15.

Vaubel, R. (2000b). Internationaler politischer Wettbewerb: Eine europäische Wettbewerbsaufsicht für Regierungen und die empirische Evidenz. In K.-E. Schenk, D. Schmidtchen, M.E. Streit und V.J. Vanberg (Hrsg.), *Globalisierung und Weltwirtschaft*. Tübingen.

Vaubel, R. (2001). *Europa-Chauvinismus: der Hochmut der Institutionen*. München 2001.

Wildasin, D. (2000). Factor Mobility and Fiscal Policy in the EU: Policy Issues and Analytical Approaches. *Economic Policy* 31: 337–368.

Wilson, J.D. (1999). Theories of Tax Competition. *National Tax Journal* 52 (2): 269–304.

Windisch, R. (2000). Kommentar zu Charles B. Blankart, Tales and Choice. In K.-E. Schenk, D. Schmidtchen, M.E. Streit und V.J. Vanberg (Hrsg.), *Globalisierung und Weltwirtschaft*. Tübingen.

Wittmann, W. (2001). *Zwischen Markt und Staat. Der steinige Weg zur europäischen Einheit*. München.

Zarnowitz, V. (1981). Business Cycles and Growth – Some Reflections and Measures. NBER Working Paper 665. NBER, Cambridge, Mass.

Schlagwortregister

Kiel Institute for World Economics

Macroeconomic Policies in the World Economy

Edited by Horst Siebert

Berlin · Heidelberg 2004. 346 pp. Hardcover. ISBN 3–540–21917–X

I. Cyclical Interdependence in the World Economy

Have National Business Cycles Become More Synchronized?
Michael D. Bordo, Thomas F. Helbling

Is There a European Business Cycle? Michael Artis

Volatility and Comovement in a Globalized World Economy: An Empirical Exploration. M. Ayhan Kose, Eswar S. Prasad, Marco E. Terrones

The Role of Multinational Corporations in International Business Cycle Transmission: Skew Lines or Arbitrage Opportunities? Gordon H. Hanson, Matthew J. Slaughter

How Does International Economic Integration Influence Social Inequalities in Emerging Market Economies? Dieter Goetze

Asset Price Booms and Monetary Policy. Carsten Detken, Frank Smets

II. A Need for International Coordination of Macro Policies?

Macroeconomic Policy Coordination in Europe—An Agnostic View.
Joachim Scheide

A Critical Review of Coordination Efforts in the Past. Edwin M. Truman

Winners and Losers of Tax Competition in the European Union.
Enrique G. Mendoza, Linda L. Tesar

Berlin · Heidelberg: Springer-Verlag (springeronline.com)

Kieler Diskussionsbeiträge

Kiel Discussion Papers

402. Lohnt sich die private Bereitstellung von Infrastruktur? Das Beispiel der Fehmarnbelt-Querung. Von Henning Sichelschmidt. Kiel, April 2003. 29 S. 9 Euro.

403. Euroland: Recovery Will Slowly Gain Momentum. By Klaus-Jürgen Gern, Christophe Kamps, Carsten-Patrick Meier, Frank Oskamp, and Joachim Scheide. Kiel, April 2003. 29 S. 9 Euro.

404. Die Reform der Handwerksordnung: ein notwendiger Schritt in die richtige Richtung. Von Eckhardt Bode. Kiel, Juni 2003. 23 S. 9 Euro.

405. Gradual Recovery in Euroland. By Kai Carstensen, Klaus-Jürgen Gern, Christophe Kamps, and Joachim Scheide. Kiel, Oktober 2003. 25 S. 9 Euro.

406. Zweiter Fortschrittsbericht wirtschaftswissenschaftlicher Forschungsinstitute über die wirtschaftliche Entwicklung in Ostdeutschland. Kiel, November 2003. 35 S. 9 Euro.

407. Strategien zur Bekämpfung der weltweiten Armut: Irrwege, Umwege und Auswege. Von Peter Nunnenkamp und Rainer Thiele. Kiel, Januar 2004. 21 S. 9 Euro.

408. From Washington to Post-Washington? Consensus Policies and Divergent Developments in Latin America and Asia. By Rainer Schweickert and Rainer Thiele. Kiel, Februar 2004. 35 S. 9 Euro.

409. Why Economic Growth Has Been Weak in Arab Countries: The Role of Exogenous Shocks, Economic Policy Failure and Institutional Deficiencies. By Peter Nunnenkamp. Kiel, März 2004. 20 S. 9 Euro.

410. Moderate Upswing in Euroland. By Klaus-Jürgen Gern, Christophe Kamps, Carsten-Patrick Meier, and Joachim Scheide. Kiel, April 2004. 22 S. 9 Euro.

411. Regionale Verteilung innovativer Aktivitäten in Ostdeutschland. Von Dirk Dohse. Kiel, Mai 2004. 21 S. 9 Euro.

412. Liberalizing International Trade in Services: Challenges and Opportunities for Developing Countries. By Matthias Lücke and Dean Spinanger. Kiel, Juli 2004. 48 S. 9 Euro.

413. European Monetary Integration after EU Enlargement. By Klaus-Jürgen Gern, Felix Hammermann, Rainer Schweickert, and Lúcio Vinhas de Souza. Kiel, September 2004. 26 S. 9 Euro.

414. Wachstum des Produktionspotentials in Deutschland bleibt schwach. Von Christophe Kamps, Carsten-Patrick Meier und Frank Oskamp. Kiel, September 2004. 9 Euro.

Mehr Informationen über Publikationen des IfW unter http://www.ifw-kiel.de/pub/pub.htm.
For more information on the Institute's publications see http://www.ifw-kiel.de/pub/pub.htm.

Institut für Weltwirtschaft an der Universität Kiel, 24100 Kiel

Kiel Institute for World Economics

KIELER STUDIEN · KIEL STUDIES

Institut für Weltwirtschaft an der Universität Kiel

Schriftleitung: *Harmen Lehment*

321. **Die neue Ökonomie: Erscheinungsformen, Ursachen und Auswirkungen,** *Henning Klodt et al.*
Berlin · Heidelberg 2003. XIV, 248 S. Fester Einband.

322. **The Real Exchange Rate and Prices of Traded Goods in OECD Countries,** *Holger Brauer*
Berlin · Heidelberg 2003. XXII, 239 S. Fester Einband.

323. **Intergenerative Umverteilung in der repräsentativen Demokratie,** *Oliver Lorz*
Berlin · Heidelberg 2003. XIII, 174 S. Fester Einband.

324. **Internationaler Handel mit Kommunikationsdienstleistungen. Anforderungen an ein multilaterales Regelwerk und die Reform des GATS,** *Jan Krancke*
Berlin · Heidelberg 2003. XV, 234 S. Fester Einband.

325. **Privatisierung im Flughafensektor. Eine ordnungspolitische Analyse,** *Hartmut Wolf*
Berlin · Heidelberg 2003. XVIII, 450 S. Fester Einband.

326. **The Role of Multinational Enterprises in Globalization,** *Jörn Kleinert*
Berlin · Heidelberg 2004. XV, 211 S. Fester Einband.

327. **Dynamic Efficiency and Path Dependencies in Venture Capital Markets,** *Andrea Schertler*
Berlin · Heidelberg 2003. XVIII, 190 S. Fester Einband.

328. **Globalization of Financial Markets. Causes of Incomplete Integration and Consequences for Economic Policy,** *Claudia M. Buch*
Berlin · Heidelberg 2004. XV, 249 S. Fester Einband.

329. **Demand and Supply of Aggregate Exports of Goods and Services. Multivariate Cointegration Analyses for the United States, Canada, and Germany,** *Hubert Strauß*
Berlin · Heidelberg 2004. XVI, 241 S. Fester Einband.

330. **Mehr Wachstum in Europa durch eine Koordination makroökonomischer Politik? Zur Kombination von Geld- und Lohnpolitik sowie zur Steuerharmonisierung in der EU,** *Alfred Boss, Klaus-Jürgen Gern, Carsten-Patrick Meier, Joachim Scheide*
Berlin · Heidelberg 2004. XII, 141 S. Fester Einband.

Mehr Informationen über Publikationen des Instituts für Weltwirtschaft unter http://www.ifw-kiel.de/pub/pub.htm, mehr Informationen über das IfW unter http://www.ifw-kiel.de

---

Berlin · Heidelberg: Springer-Verlag (http://www.springer.de)

GPSR Compliance

The European Union's (EU) General Product Safety Regulation (GPSR) is a set of rules that requires consumer products to be safe and our obligations to ensure this.

If you have any concerns about our products, you can contact us on ProductSafety@springernature.com

In case Publisher is established outside the EU, the EU authorized representative is:

Springer Nature Customer Service Center GmbH
Europaplatz 3
69115 Heidelberg, Germany

Batch number: 10607214

Printed by Printforce, the Netherlands